moladh air / *praise for a[...]*

dèanamh gàire ris a' chloc
dàin ùra agus thaghte

laughing at the clock
new and selected poems

aonghas macneacail

First published in Great Britain in 2012 by Polygon,
an imprint of Birlinn Ltd

West Newington House
10 Newington Road
Edinburgh
EH9 1QS

www.polygonbooks.co.uk

ISBN 978 1 84697 230 0

Chuidich Comhairle nan Leabhraichean am foillsichear
le cosgaisean an leabhair seo.

BÒRD NA
GÀIDHLIG

British Library Cataloguing-in-Publication Data
A catalogue record for this book is available on request
from the British Library.

Typeset by Koinonia, Manchester
Printed and bound by
Bell & Bain Ltd, Glasgow

Do Raghnall Stevenson agus a bhean Marsaili, a chuir mi
an eòlas air an nighean aca, do Gherda, mo chèile ghaolach,
agus dhar clann, Rob agus Galina: reultan uile

*For Ronald Stevenson and his wife Marjorie, who introduced
me to their daughter, and for Gerda, my beloved wife, and our
children, Rob and Galina: all stars*

clàr-innse

contents

dàin thaghte

bho *an seachnadh agus dàin eile*

bho *oideachadh ceart agus dàin eile*

selected poems

from *the avoiding and other poems*

from *a proper schooling and other poems*

facal-toisich
foreword

Tha nuadhachas daonnan air a bhith ceangailte ris a' bhàrdachd aig Aonghas MacNeacail a thaobh stoidhle, ach tha brìgh na bàrdachd, saoilidh mise, freumhaichte gu domhainn ann an seann dualchas is dòigh-beatha nan Gàidheal. Chan e annas a tha sin ann an iomadach seagh, oir tha gach neach san t-saoghal air an tulgadh eadar àm is cinneamhainn, ach saoilidh mi gu bheil e inntinneach coimhead air mar a dh'obraich seo ann am beatha a' bhàird.

Buinidh Aonghas Dubh dhan ghinealach sin a dh'fhàs suas ann an saoghal a bha ga chruthachadh fhèin às ùr às dèidh Cogadh Hitler. Air ar cùlaibh cheana (ach cho faisg cuideachd ann an cuimhne nan daoine) bha Cogadh nam Boers agus Cogadh nan Trainnsichean, agus roimhe sin na tachartasan mòra a dh'fhàg sinn mar a bha sinn: Cùil Lodair, na Fuadaichean, na Dùsgaidhean Soisgeulach, Bristeadh na h-Eaglais, Achd Foghlaim 1872, Strì an Fhearainn agus bàrdachd is òrain an t-sluaigh.

Ach mar a bha mise ann an Uibhist, saoilidh mi gun robh Aonghas Dubh anns an Eilean Sgitheanach: fo bhuaidh nan gnothaichean sin, ach an ìre mhath 'aineolach' mun deidhinn, oir b' ann mu ghnothaichean eile, mar the Wars of the Roses agus a' bhàrdachd aig John Masefield, a bha sinn ag ionnsachadh san sgoil. Bha e mar nach do thachair ar n-eachdraidh neo ar cultar fhìn, gu h-oifigeil.

Rugadh Aonghas Dubh ann an 1942, agus mar sin buinidh e gu cinnteach do ghinealach na saorsa, ma chuireas mi mar sin e: saorsa a chaidh a chosnadh gu dubh aig El Alamein is eile. Thàinig gnothaichean mòra na òige – Seirbheis na Slàinte, mar eisimpleir – agus air sàilean sin gnothaichean cultarach a dh'atharraich ar saoghal: a' wireless agus an telebhisean. Ann am priobadh na sùla bha sinn mothachail air Pastrano is Presley, agus nuair a thàinig Vietnam agus strì na h-òigridh na aghaidh thuig sinn gum b' e sìobhaltaich eadar-nàiseanta a bh' annainn, 's gum buineadh sinn dhan an Ungaire a cheart cho math 's a bhuineadh sinn do dh'Ùige. Ich bin ein Berliner, mar a thuirt an Ceanadach eile.

Saoilidh mise co-dhiù gum b' e iongantas an t-saoghail mhòir sin, air a thàthadh le tuigse gum buineadh na Gàidheil dhan t-saoghal fharsaing sin, a tha air a bhith aig cridhe obair a' bhàird on uair sin. Thuig Aonghas Dubh, mar a thuig feadhainn eile againn, gun robh Somhairle MacGill-Eain air a bhith mothachail air an dearbh nì, agus roimhesan gun robh agus feadhainn eile, mar Màiri Mhòr, aig an robh cluas phoilitigeach a bharrachd air cridhe gaoil.

Tha mi moiteil às an dòigh anns a bheil Aonghas Dubh Mac-Neacail air ealain a dhèanamh à-mach a mionagadan, dh'fhaodadh tu a ràdh. Tha e air a bhith na ghaisgeach cànain fad a bheatha, ach 's beag an luach a bhiodh an sin leis fhèin mura b' e a' bhàrdachd a tha e air a dhèanamh gu dùrachdach agus gu h-ealanta tro na bliadhnachan. Anns an t-seagh sin, 's e gobha da-rìribh a th' anns a' bhàrd: seasaidh na dàin o chionn 's gun deach an dèanamh le saothair mhòr ann an teas na ceàrdaich.

When the great Cuban-born Italian writer Italo Calvino said, 'Literature is the promised land of language', I think he was talking about the territory which has exercised the art of Aonghas Dubh MacNeacail over the past forty years or so.

The three nouns of Calvino's statement, however, can do with some examination from the viewpoint of a Gaelic poet. What exactly do we 'mean' by 'literature'? Where is the 'promised land'? And what, really, is 'language'?

Aonghas MacNeacail is of the generation where 'Literature' (with a capital L) meant the undoubtedly great published – and usually dead –

poets. In our Gaelic world, both Aonghas and I were drilled through W.J. Watson's magisterial Bàrdachd Ghàidhlig, of which the most recent poet (the wonderful Father Allan McDonald) had died two generations previously, in 1905. Living poetry was village poetry, which plenty of educationalists and academics of the time looked at rather witheringly. And the great modernists – Sorley MacLean and Donald MacAulay and Derick Thomson and Iain Crichton Smith and George Campbell Hay (The Famous Five) – were unknown to us as we recited verse after verse of Masefield.

The Promised Land, of course, lay elsewhere in every sense of the phrase. And our 'language'? Well – wasn't it really the backward language of a bygone age, good enough for an old reminiscence or two but, despite Sorley's work in the 1930s, not really considered fit to deal with the complexities of modern living?

I was going to write that Aonghas Dubh entered the china shop of Gaelic literature like a bear and, having inspected the fine china and the vases, then discovered the fantastic treasures that lay hidden in dust down in the cellars. But the more accurate metaphor is that he entered the smithy of poetry like a wide-eyed child and discovered, over the years, that poetry was like iron, forged in the white heat where language meets life. Goodness, how vigorous Donnchadh Bàn Mac an t-Saoir's use of language really was; and how sexually charged Alasdair Mac Mhaighstir Alasdair's songs were; and how ironic and savagely satirical Rob Donn's; and how moving – like Bob Dylan's songs – were Uilleam Ros's lyrics; and how politically radical were the great songs of his great Skye predecessor, Màiri Mhòr nan Òran.

No wonder that since then Aonghas Dubh MacNeacail has practised the art of poetry. He does so with great delicacy and with an elegance and a precision that delight. He uses language wisely, and when language is used wisely it is always literature. There may be a greater Promised Land, but we'd best wait for that.

Aonghas Phàdraig Caimbeul / Angus Peter Campbell

dàin ùra

new poems

cuirm na ràithe

iarraidh sinn deigh
air an latha bu chòir a bhith reòthta
iarraidh sinn cur
ann an sgàilean de dh'aotromas lòineag

's math a bhith dìon
o pheilearan fuara nan gèile
's math a bhith dìon
o thoradh gort chruaidh na ràithe

agus sinne an seo
nar suidhe air bratach an ùrlair
mun cuairt lasair nan geug
am pasgadh ar somaltachd sunndaich

fàgamaid raon
nar togail nan stòp is nam bonnach
'son na cuairt a-mach
eadar ùr-sgeul, biod-deighe is sonas

the season's feast

we ask for ice
on the day that ought to be frosty
we ask for snowfall
in veils of snowflake lightness

good to be secure
from the storm's cold bullets
good to be secure
from the seasonal famine's hard harvest

while we are here
seated on the carpet
around the logs' bright flame
wrapped in our warm contentment

let us leave a space
as we raise our toasts and sweetmeats
for the journey out
between icicle, fable and joy

nam biodh fiughair

(mar chuimhneachan air na bha sa chuimhne – do mhàrtainn dòmhnallach)

cha do dh'iarr an t-seann fheadhainn cus –
plaide blàiths, bròs, càise air coirce, sailleadh
an fhoghair, is air an t-sàbaid, brot càil agus
feòil air a bruich

        bha am bìoball na chobhair
do chuid, na dhlighe dhan chòrr, is air gach
sgeilp cagailt bha am people's journal, ged
nach do mhothaich iad nach b' e an ceart
shìneadh a fhuair an naidheachdan fo los
mhicthòmais 's a choisinn spàirn an òige

air chèilidh, bhiodh cuimhne air cèilidh, mar
a ghlacadh àilleag bho smuaint air thuras, a'
leum bho bhil gu bil is a' sgaoileadh tlachd,
bu stuam' an gnàth, ged a thogadh le toil
deoch-slàinte bainnse, glainne bliadhn' ùire

cha b' annas, am bochdainn dòchais, gum
biodh fear le bothan na cheann a' fighe mhàil
tro chogais, taigh nan stòp 's nam buille –
cuiridh e choire air a' bhiast a-muigh, thèid
ise 'm falach gus am fosgail an t-sùil bhrùite, is
e fhèin a' teicheadh na sgoth, a' tilleadh,
math dh'fhaodte, le trosg, gad runnaich no
bradan

were there prospect

(remembering what used to be remembered – for martin macdonald)

the old ones didn't ask for too much –
a plaid of warmth, brose, cheese on oat, the salting
of autumn, and on the sabbath, cabbage broth and
boiled meat

      the bible gave succour
to some, was a duty to others, and on every
hearthside shelf, the people's journal, though
they didn't observe that the slant given to
the news under thomson's bridle had changed
since it recorded the struggles of their youth

visiting, visits were remembered, how a jewel
might be caught from a fleeting thought, to
leap from mouth to mouth, spreading pleasure,
moderation the norm, though a glass was happily
raised to toast a wedding, greet new year

it wasn't rare, in the poverty of hope, that one
would have a shack in his head weaving rental
through his conscience, house of flagons and blows –
he'd blame the beast outside, she would
hide till the bruised eye opened, while he
might flee in his boat, returning,
perhaps, with cod, a string of mackerel, or
salmon

gheibhear leigheas ann am furas, their
eagnachd na h-àbhaist, 's gur ceum a' leantainn
ceum tro luibhean lotach neo-ionannais
an deatamachd – 's ma tha do phòcaid gun
eòlas air òr 's do bhòrd air iomadachd bangaid,
chan athsgal falamh na briathran donna ud

sgalagan èireannach (circa 1950)

san t-seann chuaraidh
shuas os cionn an taighe
measg nan tom sgrathach
de ghreabhal brisg, 's an
fhuidhill throm mheirgich, bha
bannal de sgalagan èireannach,
nam bothain fuadain fiodha dhubha,
a' labhairt ann an cànan nach
tuiginn, seach am facal lom
agus, nan conaltradh còmhlain,
ach riumsa, nam aodach sgoile,
beurla, bha coimheach
           dhuinn le chèile

iadsan air fhògairt saothrach, is
mise ag ionndrainn
           a' mharaiche, m' athair

there's healing in patience, said
common wisdom, let one step follow
another through the stinging unequal weeds of
the inevitable – and if your pocket is a stranger
to gold and your table to banquet abundance,
there'll be no empty echo in those leaden words

irish labourers (circa 1950)

in the old quarry
up beyond the house
among the mossy mounds
of brittle gravel, and
rusted heavy scrap,
a gang of irish labourers, in their
temporary black wooden huts,
spoke a language i couldn't
understand, apart from the plain
agus, talking among themselves,
but to me, in my school clothes,
english, foreign to all of us

they were migrant workers, and
i pined for
            the mariner, my father

Note: *agus* – 'and' in both Scots Gaelic and Irish

do chànan

is mise do chànan
a-muigh ann an seo
(cùl nam buailtean),
a bu chòir a bhith
taobh do chagailt,
a bhith eadar na
spàrran is tarsann,
is mise lasair do
bheòil, le cead

nan robh mi na
do chòmhlan bho
phriobadh dùsgaidh,
nan robh mi air an
duilleag fo do shùilean,
mar bheachd is
naidheachd, nam bu
sheirm do chomainn,
nam bu sgoil mi
anns an robh snàmh
drùidhteach, bu mhi
do cheum cinnteach
tro choille chaglach
nan eadarchur coma,
beò nad fhiughair,
na do chogais, nad
fhreagairt do thruime
bharail gur gòlaid thu,
d' òran binn buantais

your language

i am your language
out here
(behind the cattlefolds)
that ought to be
beside your hearth,
between the
beams and rafters,
i am the flame
in your mouth, if allowed

if i were in
your presence from
the blink of waking,
if i were on the
page before your eyes,
as opinion and
news, the sound
of your company,
if i were a school
where you could swim
immersed, i'd be
your certain stride
through the dense wood
of careless interjections,
alive in your hopes,
in your conscience,
in your response to the weighty
view that you're empty, I'd show you,
i'm the sweet song that lasts

air latha fèill thormoid

(dhan ollamh tormod macillìosa, aig deireadh slighe cosnaidh)

a ghàidheil bhig, air sgrìob thana
do shinnsirean, cò cheadaich dhut
ar cànan chrìonach (an impis bàs,
bu siud a càs) a chur ma sgaoil – 's
mura b' e siud do dhàn, ciamar a
thàinig thu gu bhith sa chochall ùr seo,
an còmhlan dòchais (a bha treun
ach dall) às an do dh'èirich an rud
a tha beò, ach fann, bho fhiùran caol
cugallach gu coille rìghinn a tha
sìneadh a-mach: biodh i teagmhach,
tha i gorm, 's ma bha i 'n impis bàs,
seall i fàs, agus a cagar lag ag at
gu beuc, le meanglan boillsgeach
a' brùchdadh anns gach mòr-thìr –

ràinig thu d' abachd, a chraitear na
cànain, le aiteal dhith rithist a' biathadh
an dream – gabh luaidh do mhuinntir
a mhothaich do shabhal a' lìonadh,
is toradh do shaothrach gu faod thu
tilleadh dhad sgrìob airson tàmh

Note: Nuair a bha mi fhìn agus Tormod nar clann òga ann an Tròndairnis, bha Slèite mar shaoghal eile. Bha ar bailtean buileach Gàidhlig, ar sgoiltean buileach Beurla. Sin mar a bha.

on norman's feast day

(for professor norman gillies, on his retirement)

little gael, on the thin furrow
of your ancestors, what would let you
broadcast our withering (on death's
edge, as poorly as that) language – and
if it weren't your destiny, how did
you come to be in this new shell,
in the presence of hope (so brave
but blind) from which something rose
that's alive, but frail, from thin delicate
sapling to stubborn forest
spreading out: though tentative
it's green, though once on death's
edge, it grows, while its weak whisper
rises to a roar, and radiant branches
burst forth in every continent –

you grew to ripeness, who crofted the
language, and now it's glimpsed again
feeding the tribe – take the praise of your
people, who noticed a barn filling up –
the fruit of your labours that now
you can return to your furrow and rest

Note: When Norman and I were children in Trotternish, Sleat was another
world. Our villages were entirely Gaelic, our schools entirely English. That's
how it was.

craobh a chuir somhairle

I

ma bha saoghal ar n-eòlais air traoghadh,
cha bu chòir dùil a bhith againn ris a' chòrr –
a' chomhairle thabhainn èildear is bàillidh,
's gach òraid is osnadh a thug iad dhuinn
ag agairt nach robh romhainn ach geamhradh –
eadar coire agus dìomhanas, cha robh aon
roghainn air fhàgail seach aideachadh gu robh
an spionnadh a dhèanadh seinn air sìoladh
a-mach às ar bith, gach smuaint luachmhor
a bha aon uair na ar comas air lobhadh,
ged a bhiodh anail fhathast taobh na cagailt,
mar luaithre air an oiteig, mar fhathann
gun stàth, dham bu sgòd a bhith sireadh aire
mhaighstir 's thional, neo-thograch no deònach,
ro thrang a' streap an sròil fhèin airson aire
thoirt dhar rannan teagmhach a bha toinneadh
am màirneal eadar ceist throm is imcheist –
cha b' fheàrr leotha ach nan dèanadh cuimhne
ar mealladh, ged a bha sinn gu bhith gnùis ri
creag, ann an sgeul shuainealach gun chrìch
de dh'fhògairt eanchainn far an cluinnte
gaoir mhadadh gun chogais air fàsach lom –
's ged nach cuirte am briathran soilleir e,
bha iad coma ged a rachadh sinne sìos fo
bhàrr luibheach linne dhubh na dìochuimhn'

b' ann againn fhìn a bha ri cuimhne chladhach,
treabhadh na bha cleitht' an claiginn sheanair
mu euchd is spleadh flathail shàr-laoch is bhan-dia

a tree sorley planted

I

if the world we knew has ebbed away,
we shouldn't expect anything else –
the advice of elder and factor,
every sermon and sigh they offered
insisting only winter confronted us –
between blame and futility, there was no
choice left but to admit that
the mettle that might sing had drained
out of our being, every worthwhile thought
that had been in our power now decayed,
though breath remained beside the hearth,
like ashes on the breeze, a rumour
without value, that it was vain to seek approval
from masters or followers, detached or disposed,
too busy climbing their own satin to notice
our uncertain verses that were twisting
their hesitation between weighty question and doubt –
it would suit them if memory should
deceive us, though we were almost face against
rock, in a soporific story without end
of an exile of minds where could be heard
howling hounds without scruple in a bare desert –
and though they might not say it in clear words,
they didn't care if we sank down below the
weedy surface of the black pool of amnesia

we had to plough memory ourselves,
harvest what was wrapped in grandparents' heads
of exploits and heroes' and goddesses' noble deeds

chuir flann ann an cuislean leanailteach ar sgeòil,
gun aca ri chur an cruth (anns an àbhaist) ach
na criomagan farranach dhan aigne mhiannaich

2

a mhic an tàilleir, a dh'fhàs am measg bhlàthan smiorail
nan cuimhne bha sgaoilte mar coille shaidhbhreis dhut,
anns an robh cinneas sgeòil, mar thruimead abaich sìl
a' biathadh d' eanchainn an aghaidh gort na meanmna,
chual' thu, am bladh do chnàmhan, siubhal màirnealach
nan sinnsir san triall èiginneach nach do dh'iarr iad,
a-mach à ceanaltas nan linn, cogais fo stiùir chùirteil

chual' thu 's thug thu beò na taibhsean diùid a dhìlsich
ri tobhtaichean a phronn reothadh-cridhe taighe-mòir,
trusadh a h-uile turram ann am ballaichean beòtha àile,
a dh'aindeoin smèideadh fuar nam meadhan-oidhche

far nach robh an saoghal mòr a' faicinn ach tobhta
suarach bothain, chunnaic thusa cruth lùchairt
ioma-sheòmrach, snaighte, dìon, is lìon thu gach
rùm le bàrd is seanchaidh is cuimhne shlàn

shir thu leugan 's cha b' ann bho chreig no sgeilp, no
idir bho mheuran rìoghail, ach mar a chual' thu a' siubhal
air theanga lìonmhor, cheòlmhor anabarrach do mhuinntir
oir bha iad fhathast nan ìre ann an uamhan gleidhidh

bu tu mèinnear na cuimhne, dhèanadh tu sloinneadh air
taibhse, rinn thu iasgach airson fuaim is muadh anns na
sgaothan duain, bha thu nad itealair eirmse, sireadh
bhealaich seirme ùra, thar chrìochan, thar chaolas

colouring blood-red our narrative's enduring threads,
and all they could offer (as a matter of course) was
a smatter of fragments to frustrate the hungry mind

2

son of the tailor, raised among the hardy blossoms
of memories spread out before you like abundant forests
where you found the germ of story, as a ripe weight of grain
to feed your brain against the famine of imagination,
you heard, in the pith of your bones, the slow advance
of ancestors in a desperate journey they never wished,
out of the kindness of centuries, scruples steered by lies

you heard and revived the shy ghosts that clung
to ruins crushed by the heart-numbing mansions,
you gathered every murmur in living walls of air,
regardless of the cold beckoning of midnights

where the wider world saw only sad ruins of
poor shacks, you saw them as palaces with
many rooms, dressed stone, secure, filling each
room with bard, storyteller and perfect recall

you sought gems, not from rock or shelf, or
at all from royal fingers, but as you heard delivered
on the abundant ardently musical tongues of your kin
who'd retained their experience in caves of preservation

a miner of thoughts, you could name the pedigrees
of ghosts, while trawling for sound and form in those
shoals of poems, you were a skilled aviator, seeking
new ways to harmony, crossing borders, channels

nuair a bha sruth ar cinnt gu sìoladh às, chuir
clachaireachd dhìon do rannan ri crìonadh fada
nam bruach, agus lìonadh linne thug biathadh
breacach bradanach do dh'aigne dream

3
ma bha sinne fann, thàinig coirce-speura
am briathran eagarra a chuir thairis le treòir
le smior, lùths na dùile, àrach smuaint,

mar ite luaireig air na gaoithtean, chualas seann
sheirm binn nan ginealach, à sgoil is seanchas,
a' fuaigheal an rannaigheachd tron fhianais,

an smuaint a chaidh air lorg nam fios tron
fhrìth, 's a' faicinn luimead sluaighe, b' fheudar
seinn càs na sgìre, thill i thugainn le dòchas

bha gaol mar bhuille dhaingeann a' siubhal
gun tàmh tro chuisle labhairt sìnte nan
sealbhan nach do shaoil iad fhèin bàrdail

b' e siud an dùsgadh a thog aigne ginealaich
a dhìrich leathad sgleòthach sgoile nach do
dh'aidich gu robh bith na ar briathran

a thug iad à dachaigh, às àrainn na cagailt,
bu mhealann na rannan a dh'fhuasgail an
lèirsinn, a shìolaich an iarrtas airson seinn

agus riamh on uair ud, tha carbad nam facal,
soitheach nan samhla cuislidh, ruitheam nan
sgiath comhardach, a' giùlain an làd dhan speur

with the stream of our sureness nearly drained, the
solid walls of your verses resisted the long decay
of the edges, and you filled the pool that had kept
a flow of trout and salmon in the minds of a people

3
if we had been hungry, manna came
in precise words overflowing with verve,
spirit, strength of promise, breeding thought

like petrel feather on the winds, an old sweet
harmony of centuries sang, from school and lore,
sewing their cadences through the revelation,

the thinking that went in search of facts through
the forest, and seeing how sparse the populations,
sang the land's plight, came back to breed hope

love remained an enduring pulse travelling
perpetually through a long course of dialogue
in sorts that didn't count themselves poetic,

that wakening raised the spirits of a generation
who'd scaled the misty slopes of schools that had
not allowed there might be vigour in our words

they'd taken from home and hearthsides,
sweet sweet the verses that freed their
vision, that seeded their longing to sing,

and ever since then, the carriage of words,
vessel of veined images, rhythm of those
poised wings, bears their burden skywards

a-nise dhèanadh sinn danns' air bhàrr snàthaid, a'
suaineadh a-mach is a-staigh tron chrò, le gàire,
le teagamh mar dhùbhlan a bhiathas ceann-fàth

now we could dance on the point of a needle,
weaving in and out of the folds, with a laugh,
with doubt as challenge to nourish intention

runrig

1. uibhist

balaich   am measg nan linne
eadar monadh agus machair

gille-brìghd' air an tràigh
a' trusadh nan slige

bàt'-aiseig a-mach às a' chala
cruinn a' sàthadh grian maidne

2. port rìgh

òganaich anns a' bhaile
cas os cionn na mara

na firich rìoghail   sgeinean speura
eilean eile ri fàs eòlach

sgoil na daras
            gu tìr-mòr

3. fàs

crith nan teud
cridhe 'n druma

anns an deuchainn
cleas, cur-seachad
saothair beatha

measg nam faing,
        lìon-mòr'
            crann-treabhaidh

runrig

1. uist

boys   among the lochs
between mountain and machair

oystercatcher on the shore
searching for shells

ferry out of the harbour
masts piercing the morning sun

2. portree

youths in the town
steep above the sea

the regal peaks   knives in the sky
another island to become familiar

the school a door
              to the mainland

3. growth

vibrating strings
drums' heartbeat

this experiment
a game, a pastime
lifetime's work

among the fanks,
          longlines
                  and ploughs

4. toradh

faileas na bh' ann
    a' gabhail cruth
's a' tighinn gu bàrr
        mar òran

am fuaran buan

luath am fuaran
fuar am fuaran
guanach luaineach
bùrn cho ùr ann

dualan cuachach
fuar is luath
      san fhuaran
bùrn cho ùr ann

duan gun fhuaim
a' suaineadh thuar
   luaidh an t-sluaigh
   dhan fhuaran bhuan
bùrn ùr, bùrn ùr, bùrn ùr

4. harvest

shadow of what was
         taking shape
and surfacing
              as song

the constant spring

swift the spring runs
cold the spring runs
giddy, restless
such fresh water

in curling ringlets
cold and fast
         the spring runs
such fresh water

song without sound
weaves its hues
    while people praise
    the constant spring
fresh water, fresh water, fresh

anns a' choille

anns a' choille
    measg a' ghluasaid,
chithear corp balbh bàn
a' seasamh dìreach, tosd
    gu chridhe,
agus cailleachan nan còta
lìontaidh critheanach
nan còmhradh tuairmeach
    le anail a' ghlinne,
chithear caileag a' sireadh
gabhail sìl agus abachaidh

am bu stoirm no dealain
a mharbh an stoc liath tha
seasamh mar leac sgàinte
fhuar, no aois, is
    i air a cuartachadh
le seanmhairean croma
    nan loinn stuama
fhathast a' biathadh na
    speura len guirme
is na failleanan soilleir
    lem braise mhall

agus mise coiseachd
    tron phreaslach
mar thaibhs eadar beatha
agus beatha, a' toirt fa-near
dhan tursa bhuidhe mharbh

in the woods

in the woods
    among the motion
a dumb pale corpse is seen
standing straight, silent
    to its heart,
and coated carlins
meshily tremulous
in their random chatter
    with the glen's breath,
a girl is seen seeking
the taking of seed and ripening

was it storm or lightning
killed the grey trunk that
stands like a split cold
slab, or age, while
    she is surrounded
by the stooped grandmothers
    of modest graces
which still feed the
    sky their greens
and the bright saplings
    in their slow fervour

and i walk
    through the undergrowth
like a ghost between life
and life, noticing
the dead yellow megalith

's a' mothachadh gu bheil
àl na bith nan laomadh
tro bhruaichean beò
        na coille
agus san fhasgadh seo
fhathast, tha gas is fiùran
   nan èideadh fiughair
a' streap ri inbhe mhùgach

's mar gum b' ann a' snìomh
eige an gluasaid, an fheòrag
ghrad, 's an calman, na
   luasgadh diombuan
   dealan-dè eadar
      duilleag is duilleag

and observing that
being's progeny abounds
through the living banks
                of the wood
and in this shelter
still, shoot and sapling
    in their expectant attire
climb toward misty maturity

and as if weaving
the web of their motion, squirrel's
speed, and dove, and in
        bobbing transience
    a butterfly between
            leaf and leaf

suirghe fo choille

rùisg an t-àile smuaint nam chuimhne
mun osag gaoil a ghlac sinn òg
's a thog sinn àrd air sgiathan chuibhleadh
gar giùlain dall tro fhras nam pòg

shìn sinn sìos air làr na coille
's cha robh duilleach air ar cuim
bha ar luimead paisgt' nar doille
's rinn sinn creachann dhen dà dhruim

miann mar ghailleann gheur gar tarraing
thar callaid ciont gun sheot no srian
sguab e suas sinn thar nam barraibh
air tòir fuasglaidh bhon a' ghrian

's bha ghealach liath an cidhis nàmhaid
ged nach d' iarr ar dlùthadh leus
's gun fiabhras gaoil an urrachd tàlaidh
no fiaradh dùil a chur an gleus

cha do dh'iarr sinn cead no tròcair
cha robh toibheum na ar rùn
thogadh sinn le danns' an eòlais
toinnte ann an teas gun tùr

shaoil sinn gu robh sinne saor bho
chuing nan ràithe, giorrad là
's ged bhuaileadh a' ghaoth chrìon na faobhar
mhaireadh sinn nar lùths gu bràth

courting under cover

the air opened a thought in my memory
about the gust of love that caught us young
and raised us high on turning wings
bearing us blind through the shower of kisses

we lay down on the forest floor
with no foliage on our bodies
our nakedness wrapped in our blindness
and we made a clamshell of our two backs

desire like a sharp storm drew us
over guilt's hedge without burden or rein
it swept us up beyond the peaks
in search of release from the sun

and the grey moon wore a hostile mask
though our embrace required no light
love's fever sought no enticing
and nor were our expectations skewed

we asked for neither let nor mercy
we did not count our deed profane
being caught up in the dance of knowledge
and entwined in a heat beyond reason

we thought that we were free from
season's bondage, length of day,
that though sere winds strike harshly
our strength could sustain us forever

mae

'I used to be Snow White, but I drifted'

mhàiri sìne, mhàiri sìne

                bu tus' an tè

bu tus' an tè

         chuir feise mach

air clàr an t-saoghail

mar gur naidheachd raoin e

mar a thuirt thu

             come up sometime

's mar a thuirt thu

            and see me

's mar a chunnaic sùil na h-aigne

do choltas broilleachail 's an

t-sùil-bheag nad fhiamh

a' smèideadh ris an smuaint

's mar a chaidh thu dhachaigh

bhon àrd-ùrlar

gun sgeul air toit no

             sùgh na beirme

gu suidhe cùl deasg do shaothrach

bha thu cus

         dhuinne le do theanga

lasrach a' beadradh dùil

le do ghàire mar

           uinneag fhosgailte air

        nithean nach do sheall thu, 's

tu cur, na ar n-inntinn, pòr na smuaint

mae

'I used to be Snow White, but I drifted'

mary jane, mary jane
                                        you were the one
you were the one
                       who broadcast sex
to the world at large
as an everyday thing

the way you said
                             come up sometime
and the way you said
                             and see me
and how the mind's eye saw
your bosomy appearance and the
wink in your smile
beckoning the thought

and how you went home
from the stage
no word of cigarette or
                                  distilled yeast
to sit behind the desk where you toiled

you were too much
                             for us with your tongue
of fires flirting with expectancy
with your laugh like
                            an open window on
                    things you never revealed, while
you sowed, in our minds, the seeds of a thought

gum b' e siud do chur-seachad
measg nam fèithe teann 's
nan gualainn leathann
's tu fhèin aig an deasg ud a' bualadh
nam facal a-mach às a' bheairt

ach bha, bha na leannain ann
gaisgeil, òg, cuimir
air àrd-ùrlar an t-saoghail 's
tu fhèin nad thè òg ann
tro shìneadh fada do bheatha

nì nach b' aithne dhomh mu mo dheidhinn fhìn

ag iasgach an eadar-lìn airson fios, ghlac mi
beachd, bho fhar-ainm, a thuirt gum b' e nàdar de
don juan a bha ann an aonghas dubh na òige

cha b' e sin a nochd mo sgàthan dhomh, ach
bog, bàn is cus – carson nach croch thu feusag air

nan robh an guth dìomhair air a bhith fìor, seach còir,
b' e faic thu fhèin sa ghlainn' eile, an tè bha làn de
bhreisleach òrach a chuir lasair na do bhriathran

's na mo chuimhne sgleòthach fhìn,
gur dàna bha mi innte sin

that this was how you lived
              among taut muscles
                      and broad shoulders,
as you sat behind that desk tapping
              the words out of their loom

but there were, there were lovers
      like champions, young, handsome
on the world's stage and
    yourself like a young girl
through the long reach of your life

something i didn't know about myself

fishing the internet for facts, i caught
an opinion, pen-named, saying that black angus
was a bit of a don juan in his youth

which wasn't what my mirror showed, but
soft, pale, surfeit – why don't you hang a beard on it

if the secret voice had been true, not kind
it would say look at yourself in the other glass, so full
of the golden delirium that enflamed your words

and in my own cloudy memory
i was bold enough in that one

bailtean

I

na tha siud de
      mhullaichean sglèatach liatha –
farsaingeachd cuain dhiubh
      tonn an dèidh tuinn,
agus fòdhpa
sgaothan de ghaoir is gàire, gaol is call, àirneis
      ùr is eile 's caithte, càirdeas is caitheamh
faic, air a' ghrunnd,
      miann is dòchas an caogadh sgeunach
a-mach às an sligean,
      b' fheàrr leat ceòl dannsa
chluinntinn na sabaid,
      tha fhios gu bheil
ainm is aois is ceàird no dùil
                  aig gach anail –
ged nach fhaic thu
tha sgeirean corrach fon t-sruth
            nan sgeinean clisgidh, nan
gartan fasgach feamann,
      sgannan crògach a' trusadh an aiginn,
's ged a chaidh thu seachad ro luath airson
      gluasad a mhothachadh
eadar na stuaghan
      tha slighean a-staigh is a-mach
do gach cliabh anns a' chuan bhallaichean

towns

I
so very many
        grey slated rooftops –
an ocean's breadth in
        wave after wave,
and below them
swarms of mewl and laugh, love and loss, new
        and other and worn furniture, friendship and attrition
see, on the ground,
        desire and hope in timid winking
out of their shells,
        you'd rather hear dance
music than fighting,
        it must be true that
                every breath carries
name and age and trade or hope –
though you don't see them,
ragged reefs under the stream
        are knives to startle, are
sheltered seaweed gardens,
        clawed shoals harvest the floor,
and though you passed too quickly
        to observe movement
between the waves
        there are channels in and out
of each creel in the ocean of walls

2
is a-muigh, ma seach, gun ghluasad
ach na thogas faobhar
                    gaoithe, tha baile eile,
's cha b' ann gun dàimh,
mar chairidh dhìon, mar bheul farsaing
cearbain is fiaclan cloiche nam marbh
nan coille fhuar
                    far an glacar
                              blas na sàmhchair

3
dh'aidichinn gu bheil mi
                    sona bhith a' siubhal seachad
bhailtean coimheach far nach faighinn
                    cinnt air daras eòlach,
baile m' amais na mo smuaintean
          's dùil – a dh'aindeoin sràid thar
sràid de chlach gun aithne – gu ruig mi
                    staidhre giùlain gnùis na gàire,
far an cluinn mi guth nach taibhseil,
          gabhail naidheachd mar a bha,
              's an t-anam fhathast beò, is càirdeil

2
and outside, apart, without movement
other than what a whetting
                    breeze stirs, another town
though not unconnected,
a secure weir, like the wide mouth
of a shark, and the stone teeth of the dead
are a cold forest
                    which catches
                            the taste of silence

3
i'll admit to being
                    glad to speed past
strange towns where i'd have no
                    certainty of familiar doors,
the town i'm heading for in my thoughts
        and hope – in spite of street
after street of alien stone – that i'll reach
                    a stair bearing the face of laughter,
where i'll hear a voice that isn't ghostly,
        asking my news as always,
        and a spirit still living, and cordial

cladh ann an ceap breatann

tha an raon seo fosgailte
mar mhachair, mar bhuaile,
gun challaid no balla,
saor do dhamh is mathan,
do chat is coinean –
cha bu phlaide rèidh
tha seo, bha dol a dhiùltadh
taise neòil no suathadh
tlàth na grèine ('s i fhèin
mar nàbaidh leis nach
bu mhiste cèilidh)
ach fearann bàidheil

chì mi ceann gach taigh
sgapte san àrainn liath seo
is ainm a shealbhair
snaighte anns a' chlach –
chan fhaca mi riamh
cladh cho càirdeil no
cho coltach ri baile craite,
faicinn mar a tha a h-uile
clach-cinn, mar gum biodh
gu h-aoigheil, a' smèideadh
thig a-staigh 's thoir dhuinn
do naidheachd, chan eil
gainne tìme 'n seo, 's tu
leughadh nan ainm, feuch
a bheil tomhas cò b' fheàrr
a dhearbhadh fìor chèilidh

a cemetery in cape breton

this ground is open
as machair, as cattlefold
without hedge or wall,
free to stag or bear,
to cat or rabbit –
this is no smooth
plaid, that would refuse
moisture from clouds, or
sun's gentle caress (which
is like a neighbour to it, that
wouldn't say no to a visit)
but a hospitable field

i see every gable-end
scattered across this pale
grass, the occupant's name
carved into the stone –
i have never seen such
a friendly cemetery, so
like a crofting village:
every headstone appears to
beckon warmly
come in and give us your
news, we've plenty time here,
and you read the names, to
figure which would best
guarantee a good ceilidh

am vien

1. caoimhin air chuairt

thàinig thusa air dà chuibhle 's do neart fhèin,
mise mar eun, air iteal (dh'abrainn fhìn eala 's
am britheamh nam chogais gam dhìteadh le
clamhan, clamhan a' cnàmh nan àrainn, 's mi
freagairt gum b' e càirdeas a thug an seo mi)

agus tusa air do dhà chuibhle 's do neart, air
tòir freagairt, do chnàmh is fèith is cuisle, oir
ann a bhith leantainn ciall na h-aibhne, their thu
gu bheil e nad amas a bhith sireadh fìor chiall
an anama, gu 'n tig sìth fhìnealta san spàirn

2. oir a' wienerwald

fon chabhsair seo
biodh anail nan sinnsir mùchte
tha cnàimhneach am beatha fhathast
sa chlach, a' chrèadh, a' mheirg

èist riutha, ged a tha faram nan cuibhle
na phlaide teann de thoirm, gheibh thu
snàithleanan aithris, mu shnaigheadh,
mu shealg, na rinneadh de chruinneachadh,
buain, mar a b' fheudar seasamh
saighdeach an cearcall dìon, an gleusadh
faobhair an aghaidh shèistean, air làithean

in vienna

1. kevin's journey

you came on two wheels and your own strength,
i, from the air, like a bird (i'd rather say swan, but
the judge in my conscience indicts me with
buzzard, buzzard consuming the environs, and
i answer that it was friendship brought me here)

and you on your two wheels and your strength
seek answers, for bone, vein and sinew, for
in following the river's purpose, you say that
your aim is to seek the true purpose of the soul,
that the struggle may bring an exquisite peace

2. on the edge of the wienerwald

under this pavement
though the ancestors' breath be stifled
their life's skeleton remains
in the stone, the clay, the rust

listen to them – though the noise of wheels
is a dense weave of sound, you'll hear
threads of narrative, of carving,
hunting, how much gathering was done,
of harvests, how it was necessary to bear
arms in circles of defence, the honing of
blades against sieges, on better days

saor a-mach air ionnsaigh, 's gun teagamh
teagamh
            's cha b' e geòidh a ghluais
ach sluaighean, a-mach
thar abhainn, thar raon, thar ruighean
thar linntean reudanaichte, thar
achaidhean 's eileanan dìochuimhn'

san tadhal seo
an teannradh mar gum b' e tilleadh,
dàimh dhan choille 's do
ghàire shocair na h-aibhne,
còmhdach is cridhe na sgeòil
bhon uair ud, agus roimhe

3. an reisenrad, am pàirce-chleas prater

ann a sheo, air cuibhle stàilinn nam bliadhna
èiridh sinn gu socair nar carbad (a sheann
bhùird shnaighte, chaithte) gus am faic sinn
fodhainn tuaineal nan solas, nan sgiamhail
sona, gàire 's dannsa, iomlaid nan cuinn, 's an
siud, san t-soillse fharsaing, sa chuairt-tìme
sgaoileadh a' bhaile, fosgailte do thosgairean,
do thaistealair, do nàmhaid, na rèiseamaidean
a' sàthadh, na rèiseamaidean air mhàrsail,
anns gach mùr is mullach fàs nan comas,
deàltrach nan sealladh, is a-muigh thar iomall
nan sràid, an crios de chnuic choillteach a'
pasgadh na grèine ruaidhe – thèid i sìos agus
teàrnaidh sinne air ais gu talamh, san sgàile,
measg nan laogh is isean, clann a' chleas

out invading, and without doubt
doubt
             and it wasn't geese that moved
but peoples, out
across rivers, plains, ridges
across moth-eaten centuries, across
the fields and islands of forgetfulness

on this visit
discovery as if return,
affinity with the forest and
the river's gentle laughter
clothing and heart of the story
since that time, and before

3. the ferris wheel, in the prater fairground

here, on the steel wheel of the years
we ascend gently in our cabin (its old
worn fitted boards) until we see beneath us
the dizziness of lights, the happy screams,
laughter and dance, the transfer of coins, and
there, in the wide open light, in the circuit of time
the city's expanse, open to ambassadors,
to travellers, to enemies, the regiments
attacking, the regiments marching out,
in every wall and roof the growth of skills,
the glistening view, and out beyond the last
streets, a band of wooded hills wrapping
the red sun – it will go down and we shall
descend to earth again, to the shadows,
among the calves and chickens, children

nan leus-bhaile fhèin, is sinne a-mach air sràid
nan carbad siùbhlach, measg nan tathach,
taistealair, tosgaire, mach leinn am measg
nan creag àrd stuama de chlach is glainne,
nan dùrachd airson comas is cumhachd

4. air an donau

seòladh air cuisle màthair an dream
's a ghrian a' smèideadh tro
chuairtear beithe, sgeòil nan taisteal
a' smèideadh tro na linntean
tha mi ga seòladh, na mo chuimhne
na mo shoitheach leathrach, pleadhag
mo chothruim a' cothachadh ri dùil a
suailean, suas an aghaidh a sruth mall,
tha slighe romham, tro na linntean,
tro làraichean far am fàgar lorgan
is sgeòil rim fighe, sgeòil rin innse

an abhainn liath, an abhainn beò

5. sgàthan sa hotel an der wien

an-diugh tha an saoghal ri fhaicinn
tro sgàthan
far am faic mi
an dùsgadh, an còmhdach, an t-ithe,
an èirigh 's a' dèanamh air saothair
tron sgàthan
                    chì mi sgàthan
far a bheil mi fhìn
a' coimhead a-staigh

of play in their own city of light, while we
return to the street of fast cars, among visitors,
travellers, ambassadors, out we go among
the tall sober cliffs of stone and glass
with their focus on skill and power

4. on the danube

sailing the mother artery of the people
as the sun beckons through a curtain
of birch, and the narratives of journeys
beckon through the centuries,
i am sailing it in my memory
in my vessel of hides, the paddle of
my ability in contest with the ardour of its
surges, up against its slow currents,
there's travel ahead, through the centuries,
through sites where marks were left
and tales to be woven, tales to be told

the blue river, living river

5. mirror in the hotel an der wien

today the world is to be viewed
through a mirror
where i can see
the waking, dressing, eating,
the rising and going to work
through the mirror
                    i see a mirror
where i am
looking in

air an t-saoghal choimheach seo
far a bheil an àbhaist gun
aire thoirt dhan aimsir
a' dùsgadh, còmhdach, ithe,
cur aghaidh ris an t-saothair

's tro sgàthan na smuaint, chì
mi feannagan cloiche nan sràid
eadar seo is sruth liath nan cabhlach,
agus cluinnear duan siùbhlach an
rathaid-iarainn a' giùlain bathair is
beatha o bhun gu ceann-uidhe, gun
iaradh no tàmh
                    chan eil tì san tràth
seo nach iarradh seilbh air
                              sàl na h-innleachd

seall sinn air tòir failleas na duaise
seall sinn air tòir failleas na duaise

on this foreign world
where the normal, taking no
notice of the seasons
awakens, dresses, eats
and faces the world

and through the mirror of my thoughts
i see the stone furrows of the streets
between here and the blue stream of navies,
and the busy song of the railroad
is heard bearing goods and lives from
base to destination, with never
pause nor rest
                        there's nobody here
who wouldn't wish to possess
                        the salt of ingenuity

see us seek the gift's reflection
see us seek the gift's reflection

dùthaich nach robh riamh ann

seo an dùthaich nach robh riamh ann
is a coille de mhòr-bhailtean len cuid
lùchairtean glainne far a bheil airgead
a' fighe airgid a bhiathas na bochdan,
agus tùir, sùbailte ri cruinn, às am
faicear – eadar na beanntan liatha, a
tha fialaidh do cheum àrd nam fiadh
is taistealair, 's nan sruth bradanach
(saor do gach iasgair) – liosan rèidhe,
tur-bhàthte ann am meas, lus is gràn

seo an dùthaich far am bi an t-arm a'
treabhadh, far a bheil an cuan f hèin na
aiseag do gach fògarrach gun dòchas,
far an togar cànan do nàbaidh le toil
agus siùbhlachd, far am bi na bàird ag
aithris naidheachd an latha, air sgrion
f harsaing na fìrinn, is an luchd-cunntais
a' sgaoileadh an sporain a-mach mar
lèan air am fàsar soithichean pailteis –
le ho-rò agus ho-rò, b' e siud an latha

ach chan àich bàrd an sealladh – deòir
na cruinne, nuair a tha an naidheachd
na bheul mar chnothan searbha, agus
cluasan faoin an dòchais a' cluinntinn, fo
na facail, roghainn eile, slighe a-mach bho
sgeul na fàire lasraich gu raon far a bheil
anail na grèine fosgladh bhlàthan sìthe,
ann a shin, eanchainn, dall dùbhlanach, a'
suaineadh eadar na gasan, gu meas nan
cugall, eadar ugh na smuaint agus sgiath

a land that never was

this is the land that never was
and its forest of cities with their
glass palaces where money is
woven into money that feeds the poor,
and towers, lithe as masts, from which
we see – between grey mountains at ease
with the high footsteps of deer and
travellers, and the salmon-rich stream
(accessible to all) – tidy meadows
submerged in fruit, herbs and grain

this is the land where the army is
ploughing, where the ocean itself is
a ferry for every refugee without hope
and you pick up your neighbour's language
with fluent ease, where poets present
the daily news reports on truth's
wide screen, while the accountants
spread their purses out like meadows
on which grow the vessels of plenty –
with ho-ro and ho-ro, that'll be the day

but a poet can't deny the scene –
a world's tears, when the news is
in his mouth like bitter filberts, and
the foolish ears of hope hear, under
the words, a choice, a road out from
stories of blazing horizons to fields where
the sun's breath opens blooms of peace,
where a mind, blindly defiant, weaves
between green stalks, to read the perils
between an egg of new thought and flight

meanbh

1
am pearsa beag a' coiseachd sìos na
sìnteag aotrom dheas   gu
ceann an rathaid   far an togar
i le bus na sgoile

2
na dh'ionnsaich iad, na saighdearan ag
amas shligean air a' bhaile mhòr
tha bhuapa, nàimhdeil, balbh

3
b' e siud e –
gu bheil na h-uachdarain
glaiste anns na ceallan òrach
a dhealbh iad fhèin

4
nì nach eil ri fhaicinn,
na saoil gu bheil e
coisrigte an dìomhaireachd

small

1
the little person walking down in her
light easy stride   to
the end of the road   where she is picked
up by the school bus

2
how much they learned, those soldiers who
aim shells at the town
separated from them, hostile, dumb

3
that was it –
that the leaders are
locked in golden cells
of their own construction

4
what isn't visible,
don't think it's
consecrated by secrecy

claigeann air truinnsear

gleansadh sgeinean
is an t-sealg na cuirm bhalachaibh
ged a tha an gille làn-ghineal
                nas òige, 's ged
a tha e air a mheas
           mar sgalag dhan uaill
gleusaidh e a thàir ris
     an aon chlach-fhaobhair
ag èisteachd ri balgadh an gàire
          mar bheuc cràidh nan damh
is e snìomh, na chùlaist,
   a mhas-fhìor fhèin
bhur claigeann air truinnsear,
              a mhaighstir

ach a' coimhead a-mach air
         na mòintich bheò
            le osnadh gràidh

head on a plate

polishing knives
while the hunt's a boys' party
though the ghillie is a full generation
                              younger, and though
he's regarded as
                  a skivvy to their vanity
he'll sharpen his contempt on
      the same whetstone
listening to the ballooning of their laughter
            like the anguished cry of the stags
as he weaves, in his scullery,
    his own pretence
your head on a plate,
                              my master
but glancing out to
                  the living moors
                        with a loving sigh

cò

cò thu, cò mise, cò iadsan –
'eil thu   ga mo   thuigsinn
'eil a' chànan   na do bhuinn aotrom
'eil a' chànan   na do mheuran siùbhlach
'eil a' chànan   air do theanga

'eil an ceum cruaidh fodhad   eòlach
no bheil solais ga do dhalladh
solais nàimhdeil, beucach, coimheach
bheil sùilean borba ga do shàthadh

'n tèid thu shnàmh
              san linne nathrach

an duirt iad gu bheil thu mall
ge b' e dè cho ceart thu, ge b' e dè cho ceart thu
cha do mhol iad, shir iad mearachd
                           crith fod chasan

chraobh a chuir thu (anns a' choille)
an do sgaoil i
              fasgadh dha do shìol 's do mhuinntir

'n tug thu bùille dhan a' chridhe
buille dùsgaidh dhan a' chridhe
gus am faigh sinn cothrom èisteachd
ris a' bhualadh bualadh ceòlmhor

who

who are you, am i, are they –
do you   understand   me
is the language   in your light heels
is the language   in your fluid fingers
is the language   on your tongue

is the hard path under you   familiar
or are there lights blinding you
hostile lights, roaring, alien
are there fierce eyes stabbing you

will you swim
                in the serpent pool

did they say you are slow
however correct you are, however correct you are
they didn't praise you, they sought mistakes
                                trembling under your feet

the tree you planted (in the woods)
did it spread
                shelter for your people and descendants

did you give the heart a blow
a waking blow to the heart
so that we are able to listen
to the beat and beat of its music

am fìor riaghladh

coisich air falbh bhuaithe
tha 'n cur air a ghualainn
cathadh ann an dubhar a shùil
tha geamhradh a' sgaoileadh a-mach
bho a sgamhan   thar nan
        achadh, nan cala, nan sràid
a bhriathran nan lòineagan briste
laighe air do sheice
        a' chreamhag reòthta
'n èibhleag mheallta
        a' drùdhadh a-staigh
eadar ceist agus teagamh
is esan cho beulach, cho fìor

cead na chumhachd 's
gach facal na ghunna

the real governance

walk away from him
it's snowing on his shoulders
there's a blizzard in the darkness of his eyes
winter spreads out
from his lungs   across the
                fields, harbours, streets
his words like broken snowflakes
lying on your skin
                        the frozen maggot
deceptive ember
                        seeping in
between question and doubt
while he's so plausible, real

opportunity in his strength
every word a gun

sireadh dhomhan

seasamh ann ad ìmpireachd
chnàmhan, air a cuartachadh
le feachd dhaingeann craicinn,
sgìrean fèithe, siubhal sìorraidh
na beatha tro chuislean is
chaolain a' biathadh saothair
nam meur, agus na sgoilearan
ann an oilthigh d' eanchainn,
nan coitheanal do-chunntas,
a' sgrùdadh na tha de shaoghail
ann am brat gun cheann geal
slighe chlann uisnich, nan robh
fios eagarra boillsgeadh, an sgeul
ri caitheamh mar dhreag, 's a
bheil tuilleadh ri innse, is tusa,
mion-dhùl am measg mhion-dhùl
air cruinne shuarach nan ceist

boin do neoni –
is leig gu bàrr
d' fheum air meòrachadh –
'eil e blàth no fuar,
'eil e bog no cruaidh,
faighear gruaim no gàire,
'eil e ann, 'eil
e idir ann, is
dè tha air a chùl

*

seeking universes

standing in your empire
of bones, surrounded
by a resolute army of skin
regions of muscle, perpetual journey
of life through veins and
guts nourishing the labour
of fingers, and the scholars
in the university of your mind,
an innumerable congregation
researching how many worlds
in the endless white banner
of the milky way, whether
exact information gleams, story
tossed like a meteor, and is
there more to be told, while you
are mini-universe among mini-universes
on the paltry world of questions

touch nothing –
allow to the surface
your need to ponder –
is it warm or cold,
is it soft or hard,
does it frown or laugh,
is it there, is
it there at all, and
what's behind it

*

dh'iarradh tu cunntas na tha de
reultan san domhan, 's a bheil
cruinne nan cuairt, càit am faighear
deò anail, aigne, inntinn – co meud
dia a tha air fiathachadh fhaighinn,
bho sgàth an craobh, creag, loch
no iarmailt, a bhith gabhail rìoghachd
thar theaghlach, dream, cinnidh
no sluaigh, bho thùs, a bheil aon
ainm aig dia, no aon dia fon ainm,
a bheil an dùl 's a bheil ar tionndadh
na chealla ann an cuisle fuamhaire
tha sràidearachd air cruinne far
a bheil an deasbaireachd air meud
is tùs an dùil 's a bheilear beò air
èiginn – cha bu dia ach truaghan
de bhàrd e, 's cha b' e meud no tùs
ach gainne connaidh am buaireadh
tha sileadh tro chuislean a bhith,
cha b' e cunntas nan reul na dhùl

*

suidhe aig do sgrion chaogach
ghorm, 's mar a shiùbhlas fios
ann am priobadh grad smuaint,
cha robh deàrrsadh ghuthan
dol a thoirt dath an t-sàsachaidh,
's chan fhaic thu tro shèideadh
nan gèile biothbhuan na tha aig
an easbhaidh ri chur an cèill
mun astar eadar farraid is mar
a dh'èireas sgleò bheachdan –

you'd like to count how many
stars in the universe, are there
planets in their orbits, where can be
found a breath, brain, mind – how many
gods have been invited,
from the shelter of trees, rocks, lochs
or sky, to agree to rule over
families, communities, clans
or peoples, from the beginning, is there one
name for god, or one god with the name,
is the galaxy, and is our turning
one cell in the artery of a giant
who strides a world where
the discourse is on the extent
and origin of the universe and whether life
is inevitable – he's not god but a rag
of a poet, for whom neither scope nor origin
but the shortage of fuel is the concern
that pours through the veins of his being,
not counting the stars in the universe

＊

sitting at your blue winking
screen, and the way information shifts
in the swift blink of a thought,
no radiance of voices could
offer the colour of satisfaction,
nor can you see through the gusts
of eternal storms how much
the deficit has to reveal of
the distance between enquiry and how
a cloud of theories can arise –

cha do dh'iarr na tha muigh
sìon oirnn, cha do dh'èirich guth
a' cur nad shùil nach eil annad
ach smuaint am broinn smuaint,
gur e tha na do dhia ach ainm
airson teagamh – dh'iarradh tu
gum bu chuan an tamall gorm ud
anns a bheil iomagain a' tuaineal
nan ceist, mar uidheam-speura
eadar grian is grian, gun aonta

what's beyond hasn't asked
anything of us, no voice has arisen
to plant in your eye that you're nothing
but a thought within a thought,
that your god is only a name
for doubt – you'd wish that
that blue distance were an ocean
in which uncertainty spins
the questions, like a spacecraft
between sun and sun, with no assent

guthan chalanais

1

seallaibh sinne
dh'èirich às a' mhòintich
far an do chaidil sinn
tro linntean dìochuimhn'

an-diugh nar sgeinean maola
gearradh an àile

2

chunnaic aon t-sùil màthair
a' pasgadh pàiste
ann am fillean seàla

cluinn an guth òg
a' faicinn cearban,
gob is druim siùbhlach

clach mi a-mhàin,
a sheas ann a sheo
bhon a thogadh mi

3

dè bha iad a' cunntas, a dhearbh
tro rèiteachadh àraid chlach
gun èireadh a' ghealach san aon
àirde, gach tomhas bhliadhna, 's
gu ruitheadh i, na dannsa ìseal
thar nan ruighe shìos, ann an
slighe dho-fhaicsinneach dè

callanish voices

1
observe us
who rose from the moorland
where we had slept
through forgetful centuries

now we are blunt knives
cutting the air

2
one eye saw a mother
wrapping an infant
in the folds of a shawl

hear the young voice
seeing a shark,
beak and swift back

i'm only a stone
that has stood here
since i was raised

3
what were they counting, those who proved
through a particular arrangement of stones
that the moon would rise at the same
point each span of years and
that it would run, in a low dance
along that southern ridge, as an
invisible god's peregrination

4
tha naidheachd nan linn
anns gach druim dìreach balbh,
dhan aigne earbsach –
clàr-dùthcha sa chlach seo,
faic eilean 's a chòrsan eagach,
cnuic is glinn san aghaidh eile,

ged a rachadh tìm na tuaineal
air a' ghaoith, seasaidh na tha
seo de dhraoidhean fuara, 's
na freiceadain àrda nan cip
gorma còinnich, air faire bhuan

5
na saoileadh sibhse,
air ur beingean bog,
gur cruadal a bhith 'n seo

cha b' eòrna coilchinn
a thog neart an dòchais
à feannagan fialaidh

6
èistibh, èistibh,
cluinnibh ar sgeul
thar fàire tìm

thigibh nar n-àrainn
ma tha sibh an dùil
ri smèideadh gealaich

cumaibh bhur sùil
san trannsa ghorm
airson thaibhsean geala

66

4
the account of centuries is
in every straight silent spine,
to the trusting mind –
there's a map in this stone,
see an island with its notched coasts,
hills and glens on the other face

and though time should go spinning
on the wind, what's here of
cold druids will stand, and
the tall sentries in their green
caps of moss, on perpetual watch

5
don't you imagine,
on your soft benches,
that it's hardship to be here

it wasn't stunted barley
that raised the strength of hope
from generous lazybeds

6
listen, listen,
hear our story from
beyond time's horizon

come into our ambience
if you expect
a sign from the moon

and be alert
in the green aisle
for white ghosts

7
b' aithne dhaibh saothair
an dream a thug ar cumadh dhuinn
b' aithne dhaibh sgrùdadh
b' aithne dhaibh tomhas
cha robh oidhche shoilleir
nach do chunntais iad siubhal
nan reul
     chunntais iad tìm
gun uidheam ach sùil is fàire
b' aithne dhaibh coiseachd
b' aithne dhaibh suidhe
aig fìor cheann-abachaidh gnìomh
b' aithne dhaibh togail
is tuiteam
     ghiùlain an dromannan
brùilleadh riaslach ar truime

b' e seo a dh'iarr iad
agus dannsa na gealaich
nuair a thàinig an ràithe
far an robh dùil chinnteach
ri dannsa na gealaich

8
tha fhios againne
cuin
     a nì a' ghealach
dannsa thar druim
lùbach na caillich

seas na ar measg
air chunntas nan ràith

7
they knew labour
the people who gave us our pattern
they understood analysis
they understood measurement
there was no clear night
they didn't count the movement
of stars
          they counted time
with no apparatus except eye and horizon
they understood walking
they understood sitting
at the extreme conclusion of a task
they understood lifting
and falling
              their backs carried
the restless bruising of our weight

this is what they asked for
and the moon's dance
when the season arrived
for a certain expectation
of the moon's dance

8
we know
when
     the moon will
dance on the sinuous
old woman's back

stand among us
having counted the seasons

agus chì thu f'hèin
lainnir bhàn a' siubhal
thar druim lùbach
cailleach shìth-bhuan
    na mòintich

9
cha b' e clàrsach nan greug
ach fead sàmhach na gealaich
an giùlain a dannsa
cùl na caillich sìnte
chuala sinne
                mar bu dùil leinn

10
tha sinne 'g èisteachd
airson dùrd na cuthaig
feuch am faic sinn
am fear soillseach
a dh'innseas gu bheil
làtha leth-samhraidh
dol a dheàrrsadh
teas na ràithe
mach tron àrainn
tha na ar cùram

11
na cuir an ìre gur breug sinn
cha bu naomh a ghlas ar
n-anaman fuamhaireach
anns na colbhan fuara seo
anns nach eile cuisle sileadh

70

and you will see
a pale glimmer moving
over the flowing back
of that eternal old woman
    of the moorlands

9
it wasn't the greeks' harp
but the moon's silent whistle
in bearing its dance
behind the reclining old woman
that we heard,
              as we expected

10
we are listening
for the cuckoo's coo
to catch a glimpse
of the shining person
who will say that
midsummer's day
is going to radiate
the heat of the season
out through the bounds
of our responsibility

11
don't assert that we are a deception
it wasn't a saint who locked
our giants' souls
into these cold columns
in which no vein bleeds

bha tomhas leacanta nar togail

iarr is gheibh thu sgoil annainn

iarraidh sùil a leughas sinne
cunntas air siubhal nan reul

12
do shinnsirean a chunnaic,
a chùm cuimhne agus, air
meòrachadh, a chunntais,
gar togail ann an cuimhne
is a leigeil leis gach linn a
bhith cunntas nam bliadhna
eadar gealach is gealach,
anns an ìsle pòsaidh ud

13
cha do ghluais sinne
bhon a fhuair sinn àirde
gu seasamh an aghaidh
gach àile chruaidh is
aimsir, gun uaill no àrdan

seas na ar measg agus
faic siubhal nam mìr is dùl
nan reul is cruinne, uile
siubhal gun abhsadh, ged
nach cluinn thu an sanas

there was precise measurement in our raising

ask and discover we contain learning

the eye that reads us will request
an account of the movement of stars

12
your ancestors observed,
remembered and, on
reflection, counted,
raising us in memory
and letting every generation
count the years
between moon and moon
in that low marriage

13
we haven't moved
since we were raised
to stand against
every hard atmosphere and
weather, without pride or vanity

stand among us and
see the motion of elements and particles
of stars and planets, all
moving ceaselessly, though
you can't hear them whisper

chan eil mi nad aghaidh

1

chan eil mi nad aghaidh   a thaistealair ghil
tha thu ruith tro mo chuislean   mar aran mo bhith
chan eil mise an aghaidh   do mheuran a' slìobadh nan clach
do theanga mar theine   a' tionndadh nam fòd
chan eil mi an aghaidh   do shùil a bhith suaineadh
nan teagamh   trom chlaigeann, trom
                        chliabh, trom chruth
's ged a shìneadh tu   gu dà cheann na sìorraidheachd
abairteachd rag d' iarrtais   airson ciall, ciall, ciall
's ged nach freagair mi   le cinnt thu,
                    fàilte, fàilte, fàilt' ort

2

an t-adhbhar a th' aig deigh   airson seudachd a chrochadh
air gach craobh   is an liathachd gus laighe   air m' aois
is an t-adhbhar dhan a' chuan   a bhith 'g at is a' seacadh   is
an t-adhbhar dhomh   a bhith   mar eathar bheag   a' bocail
eadar   north utsire 's south utsire   flinne bog   a' tionndadh
chun nam bleideagan cruaidhe   's mi an dòchas nach tig
an reothadh cuain   nas fhaisge   gus nach faicear na
mathain bhàn   air bhàrr an raoin reòthta 's an acras
na bheuc deudach   no fodham   na cearbain
            mar fheannagan fairge   gam fheitheamh

3

ann an tionndadh na grèine   chì mi ann a shin thu
chì mi thu   taobh thall an sgàthain
                's cha toir thu cobhair dhomh
is chì mi ann a shin thu   mar gum b' ann a' feitheamh,
a mhathain ghil, a chearbain   nad shàmhchair

i'm not against you

1

i'm not against you   white traveller
you flow through my veins   like the bread of my life
i am not against   your fingers stroking the stones
your tongue like fire   turning the peat turfs
i am not against   your eye entwining
uncertainties   through my head, through my

ribs, my form
and though you'd stretch   to the two ends of eternity
the stubborn assertion of your demands   for sense, sense, sense
and though i won't answer you   with confidence,

welcome, welcome, welcome

2

the reason ice   suspends jewellery
on every tree   while hoar sets to lie   on my age
and the reason oceans   swell and shrink   and
the reason i am   like a small skiff   bucking
between   north utsire and south utsire   soft sleet   turning
into hard flakes   while i hope there'll be no
freezing ocean   any closer   good not to see the
white bears   ranging the frozen expanses, their hunger
a fanged roar   or beneath me   the sharks
like ocean crows   awaiting

3

in the turning of the sun   i see you there
i see you   beyond the mirror

and you don't come to help me
and i see you there   as if waiting
for the white bear, the shark   in your silence

a' cheist

cha b' e do thaibhse
thill thugam, ach a' cheist
dhan do dh'iarr sinn freagairt –
gun deach do chnàmh
gu neo-bhith
anns an aithghearrachd ud
eadar comharradh is sàmhchair

is roimhe sin
gun do sheòl thu
ann an soitheach a ghiùlain
luchd deatamach do chogadh

's tu nise faighneachd, am b' e
srad do-fhaicsinneach de
nimh a dh'èirich às
an uallach ud, a shaoil sibh
neoichiontach na thàmh,
a shìolaich a-staigh dha do
chuislean 's do chnàmhan
a' traoghadh às   d' fhuil agus
d' anail, 's do bhith

ach dh'aidichinn, athair,
's tu fada nad chnàimhneach
(beàrn ionndrainn om òige),
gur mise, mi fhìn
a tha togail na ceist,
chionn 's nach teich i

the question

it wasn't your ghost
returning to me, but the question
to which we sought reply –
that you were consumed
into non-being
in that brief interval
between symptom and silence

and before that
you had sailed
in a vessel which carried
freight fit for war

and now you ask, was it
an invisible spark of
poison spreading from
that cargo you'd all thought
innocent while dormant
infiltrating your
veins and your bones
draining out   your blood,
your breath, and your being

but i'll admit, father,
as you are long since mere bones
(missed absence from my childhood),
that i, and i alone
raise the question
which will not disappear

chan eil ann ach bàrd

aonghas dubh is e
cho liath –
mas fhìor gur e
fear gruamach a' deanamh
gàire

air d' fheòrach ciall bhuaithe
tha an fhreagairt fhìor ris
        am biodh tu 'n dùil
a' fàs
    na feusag cheist,
is an lasgan ud
a' cleith
gainne foighidinn
dìth dèine

abraidh e gu bheil
an gnìomh dèanta
gu bheil an ceòl air
an fhidheall fhàgail is
air sgèith a-mach –
seall, their e, seall
mar a tha
an gleus gorm ud
ag aonadh
ris an àile

cluinn a shearmon –
cha b' ann dhutsa
    · *bha mo thabhainn*

he's only a poet

black angus who's now
so grey –
supposedly
a surly man
who laughs

seek sense from him
and the true response you
        might expect
becomes
        a beard of questions,
while that guffaw
obscures
a lack of patience,
shortage of zeal

he'll tell you
the deed's done
the melody has
left the fiddle and
flown out –
see, he says, see
how that
blue note
is merging
with the air

hear his sermon –
it wasn't you
        i addressed

ach dhomh fhìn, 's
> *mi 'g amas air ciall*
a dhèanamh dhe do chàs
mar gum bu sgàthan thu
dhan rèidhlean luibheach
> *às an do dh'fhàs mi*

mar gu robh gach cuisle
bha sileadh tro
> *lòintean ar sgeòil*
a dh'aindeoin deachdaireachd
nan linn –
biodh grèis nan aithris de
theas, deigh no grian
chaochlaideach m' eòlais

leig leis, leig leis,
na chunntas còsach –
chan eil ann ach bàrd

but myself, in
          my aim to make
sense of your situation
as if you were a mirror
for the weed-wild field
          from which i grew

as if every vein
poured through
          the meadows of our story
despite the dictatorship
of centuries –
whether the tale's embroidery's
of heat, ice or the
fickle sun, i know

let him be, let him be,
in his hollow recounting –
he's only a bard

sphincs na sgìre

suidh thus' ann a shin mar rìgh, mar sphincs na sgìre
taobh nan lasair mar gum b' ann leat am blàths, mar
gum b' ann dhut gach bòrd is làr-bhrat anns an fhàrdaich

bu tu uachdaran an taighe seo, a' dèanamh thràillean dhe
do thuath, gun aindeoin, gun nàire, dh'itheadh tu bradan
nach do ghlac thu, 's tu 'm fiughair càirdeis gun chomain

mach leat, a chullaich mhòir, coilean thusa do chùmhnant
shìos air lios làn a' chàil, far a bheil na coineanaich nam
plàigh, an impis lèirsgrios a dhèanamh air ar dùilean

seall iad, nan rèiseamaid dheudach, air bhoile measg nan lus
gach clogaid mar chluas mhòr, dèanamh fanaid air ar sùim,
's iad a' spealadh na gheall a' ghrian dhuinn de rath is àille

ach b' fheàrr leatsa bhith rid shùrd sporach am measg nan eun
is do bhrògan croma teannachadh le sunnd air bìg a' bhàis –
gun ghainne annlain romhad, 's minig do shealg na cleas

faiceam-s' thu measg a' ghlasraich, a charaid uasail, bi mar
sgalag freice air tòir nan creachadair suarach gun iochd,
faic iad, tomhais do leum is glac iad, coisinn do shlìobadh

the sphinx of the parish

you sit there like a king, like the sphinx of the parish
beside the sparks as if their warmth belonged to you, as
if each table and carpet in the place were laid for you

you are proprietor of this household, making slaves of
your tenants, without scruple or shame, you'd eat a salmon
you didn't catch, expecting kindness without obligation

out with you, great tomcat, fulfil your own contract
down in the rich cabbage field, where the rabbits are
a plague, threatening destruction to our hopes

see that toothy regiment, lunatic among the leaves
their helmets like big ears mocking our self-respect,
scything all the sun promised us of wealth and beauty

but you prefer your sharp-clawed fun among the birds,
your arched boots friskily tracking the squeals of death –
with no shortage of food in store, your hunt is pure sport

let's see you there among the vegetables, proud friend, be
a sentinel against those contemptible pitiless pillagers, see
them, measure your leap and pounce, earn your caresses

an geal seo

cha do dh'iarr mise
gum biodh an saoghal cho geal
na sumainn lùbach siùcair
nach fan anns an aon chumadh
ach a' siubhal ri dannsa na gaoithe
togail bhallaichean taibhseil

leig leis an speur a bhith mar anart
grinn thar nan rann is sgeul a tha
'g aithris càileachd na h-aimsir –
leig leis sgaoileadh gus an rùisgear
lainnir theinnteach an dallaidh,
cho lom glan seunsail dhan ghath

leig leis a' ghrian a dhol sìos
is cha bhi mi air mo dhalladh
ach fann 's gu fàs an geal
chan fhaighear buileach a thrèigsinn

bhon a tha mi fhìn liath,
chan fhaic mi mar charaid
am bodach fuar dhan tug sibh cruth
le shùilean cloiche gun anail –
chan iarrainn seòladh thar bruthaich
air long cho ìseal
            sròin ris a' cheathach reòthta
's coma leam a dhol a dhannsa
                        air glainne

84

this white

i didn't ask
the world to be so white
those sinuous sugar surges
that won't stay the same shape
but move to the dancing wind
raising ghostly walls

let the sky be like fine muslin
over every verse and story that
tells the weather's temper –
let it spread until it reveals
the flaming brilliance of blinding,
so bare, clean, a risk to the dart

let the sun go down
and i won't be blinded
however faint the white
that can't be swept away

since i am now white-haired
i can't perceive as friend
the chilled old man you shaped
and gave stone eyes without breath –
i wouldn't want to sail the slope
on such a low vessel
       nose in a frozen fog
and i've no wish to dance
              on glass

chì mi thusa, ge-tà, 's do shùil mar
leug, ròs an àigh na do ghruaidh,
ròs ruadh nan gàire, na cridhe geal
agus deiseil airson dannsa thar nan
drochaid diombuan dòchais – cha
b' urrainn dha do shùil òg-sa bhith
deiseil airson gach truaillidh a thig
le tionndadh gaoithe, togail grèine

i see you, though, and your eyes
like jewels, rose of joy in your cheek,
red rose of laughter, in its white heart
and ready to dance across the
transient bridge of hopes – your
young eyes couldn't be less
ready for the spoiling that comes
with a turning wind, lifting sun

dùil ri guirme

an dealt mar ghùn-oidhche sròil
air na faichean,
            sùil na maidne
togail a binnein am fradharc
            sgleòthach an t-saoghail

agus dùil ri guirme
            bho fhàire gu fàire
uair eile, mar gum b' e nàdar
            a' chlàir fheuraich seo,
eadar sgeinean creagach,
a bhith boillsgeach

their na fàidhean gu fan
            na toitean taise
taobh thall nam faobhar

co meud latha
bho nach robh dùil againn
            ri foghar –
is a-nise, faic cromadh nam bàrr
is na geugan a' lùbadh
            gu talamh

thèid pailteas fhàgail
            dha na feannagan

blue is expected

the dew is a satin nightgown
on the fields,
                    morning's eye
raises an arc in hazy
               view of the world

and blue is expected
                    from horizon to horizon
yet again, as if it were the nature
               of this grassy plate,
between rocky knives,
to be radiant

the forecasters promise those
                    moist vapours will stay
beyond the cutting edges

how many days
since we doubted the coming
                    of autumn –
and now, ripe ears weigh down
and full branches bend
                    to the ground

plenty will be left
               for the crows

leabaidh fuinn

ruigidh sinn uile an leabaidh fuinn,
ach, a ghràidh, na bi ro chadalach
gus a sin, tha blas glan na meala
air an àile, cho math dhuinn a bhith
criomadh, deocadh, dèan streap
a-mach asad fhèin, is bitheamaid
nar smeòraich air oir an neòil àird,
cugallach 's gum bitheadh e, a' seinn,
cluinn ar guthan a' siubhal, ag èirigh
tro gach sgleò reultan, èiridh iad
a-mach thar garbhlach na cuimhne
chun na guirme cliste suthainn

le tìde gu leòr airson a bhith tomhas
leud na leapa, no bhith taghadh cruth
dèile, cloiche, umha, am b' e cnàmh
chnàimhneach no luaithre, tha leabhar
mòr na bith ri sgrùdadh 'son nan ceum
feurach, nan sgeul beò braonach, 's
nam biodh dòchas guinte san sgeul
a ghabhadh leigheas, tha cungaidh
ann a bhith diùltadh cunntas thràtha,
ann a bhith diùltadh cunntas, ann a bhith,
ann a bhith, ged nach eil tilleadh ann
do cheist gu spiris chaol an dùbhlain

agus fhad 's a tha cuibhreach
anail eadar cridhe agus crith
chan ann leinne tha na mairbh
fom briathran cloiche

bed of earth

we'll all reach the bed of earth
but, my love, don't be too sleepy
till then, there's a clean taste of honey
on the air, as well for us to be
grazing, sipping – clamber out
of yourself, let's be like those
thrushes on the edge of a high cloud,
precarious though it may be, singing,
hear our voices in motion, rising
through every haze of stars, they'll
rise across memory's rough bounds
to the infinite vital blue

with time enough to measure
the bed's length, or to choose a form
in wood, stone, bronze, whether the
wasting of bone or ash, the great book
of being must be read for the grassy
paths, the misty living tales, and were
there wounded hope in the story
that could be healed, there's balm
in refusing to count seasons,
in refusing to count, in being,
in being, though there's no return for
inquiry to the narrow roost of defiance

and as long as there's a bond of
breath between heart and tremor
the dead don't belong to us
under their stone words

am b' e siud an gàire
à còsan dìomhair
no osnadh fhreumhach –
èistidh sinn, 's chan èist sinn

'nuair a tha thu muigh . . .'

air cuan riaslach na beatha
's na gaothan ga do bhualadh
       às àirdean nach do shaoil thu
bi cinnteach gum bi mise,
       ann an geòla bheag
righinn an teaghlaich, air d' fhaireadh

agus siùil a' ghaoil nan
       dùbhlan daingeann

('s tha blàthan ann a dh'fhàsas
       air an sgeir as rùisgte)

is that their laughter
from secret hollows
or the sigh of roots –
we'll listen, and we won't listen

'when you are out . . .'

on the rending ocean of life
and the winds strike you
            from unexpected directions
be certain that i will be,
            in the small supple
dinghy of our family, watching for you

and the sails of love will
            stay strong, defiant

(and there are flowers that grow
            on the most naked skerry)

dàin thaghte

---

selected poems

bratach

do ghuth a' glaodhaich
foillsich thu fhèin

a charaid, is mise
an t-amadan naomh
am bàrd
amhairc is èist rium

gun ainm

ged a tha an cuan socair
a-nochd thug sinn a' gheòla air tìr
ged nach eil e fuar a-nochd
cuiridh sinn maidse ris an teine

tha geamhradh a' tighinn
tha gailleann a' tighinn

chan eil fhios againn cuin, ach
gu bheil ar stòr
anns an t-sabhal

from THE AVOIDING AND OTHER POEMS

banner

your voice crying
reveal yourself

friend, i am
the holy fool
the bard
observe and listen

nameless

though the ocean is gentle
tonight we took the dinghy ashore
though it's not cold tonight
we'll put a match to the fire

there's a winter coming
there's a storm coming

we don't know when, but
that our store is
in the barn

an aimhreit

tha caolas eadarainn a-nochd
mis' air m' eilean, thus' air d' eilean-sa.
aon fhacal bhuat, a luaidh, is buailidh
mi le ràimh mar sgiathan sgairbh na tuinn.
bidh eòlas eadarainn a-nochd.

the contention

there's a kyle between us tonight
i on my island, you on yours.
one word from you, love, and i'll beat
with oars like scart's wings the waves.
there'll be accord between us tonight.

neulag air fàire

anns a' bhaile seo, monaidhean
mòra cloiche, cas is cruaidh. daonndachd
cho lìonmhor ri
gainmheach an fhàsaich.

am measg a' ghrinneil, aon
lus beag grinn,
thusa mo ghaol.

thu nas motha nam inntinn
na sìolmhorachd raointean
doimhneachd choilltean
farsaingeachd chuantan,

nam chridhe mar
neulag air fàire
nach tig gus an t-seasgachd a dhrùdhadh
nam àite neo-fhasgach,

nam chaolan
mar lilidh cho geal.
ged a shlìobainn do cheann
tha do bhroilleach cho fìorghlan.

cha ruig mi do chridhe.
aonar is eagal,
eagal is aonar.

small cloud on the horizon

in this city, great mountains
of stone, vertical, hard. people
numerous as
desert sand.

among the grains, one
fine little flower,
you my love.

greater in my mind
than fruitful plains
deepest forest
expanse of oceans,

in my heart like
a fleck of cloud on the horizon
that won't come to drench the sediments
of my shelterless dwelling,

in my gut
like the whitest lily.
though i caress your head
your breast is pure.

i can't reach your heart.
isolation and fear,
fear and isolation.

acras

dh'èirich a' mhuir shiabach, le grian mhaidne
dearg-bhileach, a' tairgsinn dhomh biadh,
ach shìn i air ais.

dh'èirich a' mhuir chraobhach aig meadhan-latha,
bàn-ghruagach, ag ìobairt dhomh gaol,
ach shìn i air ais.

dh'èirich a' mhuir sgianach aig am duibhre
dubh-shùileach, is sguab i mi, sguab
i, is chaith i air ais.

òran mnatha

ochan, leig mi mach e, he
ochan, leig mi mach e, he
raoir nuair a sheinn thu, labhair mi d'ainm
ochan, leig mi a-mach e, he hi
"có tha seinn?" he thubhairt iad, 's mi'n siud he
"waguntha dol seachad" arsa mise he
d'ainm-sa labhair mi, he, hi
                          —bhon mhuinntir omaha

tarbh 'na shuidhe

curaidh
a bh'annam.
nise,
tha e seachad.
chruaidh-chàs
mo dban
    —oran tatanta yotanka

hunger

the lathered sea rose, with morning sun
red-lipped, offered me food,
but then she drew back.

the branching sea rose at noon
flaxen-haired, offered me love,
but she drew back.

the bladed sea rose at dusk
dark-eyed, she swept me up, swept
me, and then tossed me back.

an-dràsta dà fhleasgach

an-dràsta dà fhleasgach
a' coiseachd air duslach na gealaich
a dhìrich o thalamh
           gu gealach
air rocaid   sa chabsuil
mar isean san ugh

a' ghealach cho geal
anns an dubhar   gun d' streap
mi air staidhre nam inntinn ga
h-ionnsaigh nam oige   is nise

dà fhleasgach a' coiseachd a fàsach
bùrach 'son òir anns an duslach

is mise a' coiseachd a' chladaich
mo shùil air a' ghealaich
mo phòcaidean falamh

at this moment two heroes

at this moment two heroes
walking in the moondust
who rose from earth

                    to moon
on a rocket   encapsulated
chickens in an egg

the moon so white
in darkness   i climbed
imagined stairs toward
her in childhood   and now

two stalwarts walk her deserts
probing for gold in the dust

and i am walking the shore
my eye on the moon
my pockets empty

seo agad sinne

seo agad sinne
nar seasamh air bile fànais
'n siud   fada bhuainn
a' chruinne bha sinn ri àiteachd

their cuid gur e ifrinn tha romhainn
their cuid gur e pàrras

chan fhaic mise ach
suailean socair a' chadail
àite gun
at, acras no anshocair
gun strì gun shanas cràidh
falamhachd air nach tig atharrachadh
far nach ruig an teanga dhuaireachail
neo-bhith gun deòin no dìoladh
gun eud nimheil a' duaichneachadh
gun fharpais sgàineach airson sgillinn
gun threabhadh raointean uachdarain

chan fhaic, cha chluinn
ach tosd gun chaochladh
tro dhubhar teann sgàile
tha ceileadh oirnn na bile guirm
bile ghorm fànais

here we are

here we are
standing on the lip of a void
there   far away
the earth of our husbandry

some say hell confronts us
some say paradise

i see only
the gentle billows of sleep
a place without
bloating, hunger, discomfort
without strife or hint of agony
an unalterable emptiness
beyond reach of the slanderous tongue
non-being without desire or requital
no poisonous jealousy deforming
nor divisive competing for pennies
no ploughing a master's fields

i can see, hear
only stillness unchanging
through a densely dark veil
which hides from us the blue/green lip
blue/green edge of the void

dol dhachaigh – 2

seall na geòidh
a' siubhal 's
na gòbhlain-gaoithe

's fhad' o dh'fhalbh a' chuthag

seall na duilleagan dearg ag
èirigh air
sgiath sgairt-ghaoith
ag èirigh 's a' siubhal

tha 'm bradan sgrìob mhòr a-mach
air a shlighe

ghrian a' dol na sìneadh
ghealach ag èirigh
        nam parabolathan caochlaideach eòlach

samhradh a' siubhal
foghar air a dhruim
        cleòc mòr a' sgaoileadh às a dhèidh

null 's a-nall air cala
        fògarrach a-null 's a-nall
null 's a-nall
        null 's a-nall

going home – 2

see the geese
journeying and
the swallows

long since the cuckoo went

see the red leaves
rising on
the wing of a gust
rising and travelling

the salmon is a great way out
on his journey

the sun reclining
moon rising
     in their familiar changing parabolas

summer journeying
autumn on his back
     a great cloak spreading behind

back and forward on the wharf
     an exile back and forward
back and forward
     back and forward

gleann fadamach

plèan a' dol tarsainn
cho àrd 's nach cluinnear i
long a' dol sìos an cuan
ach fada mach air fàire

cuid dhen t-saoghal
a' siubhal 's a' siubhal

sa bhaile seo
chan eileas a' siubhal ach an aon uair
's na clachan a rinn ballaichean
a' dol nan càirn

glen remote

plane crossing
so high it can't be heard
ship going down the ocean
far out on the horizon

a part of the world
travelling travelling

in this village
people only travel once
and the stones that made walls
become cairns

an cathadh mòr

nan aimsir

gealag-làir
ros bàn
lilidh

I

1
dadam dhen dùthaich nach eil fo shneachda
geal geaI geaI
an cur na cheathach daingeann dùinte
geal geaI

bàn buairte an iarmailt
sèimh sàmhach na glaicean
guinte gach sìthean do-fhasgach
bàrr na talmhainn taisgte tur-mhùchte
smior na cruinne roinnt' eadar reothadh is crith

tannasg no tacharan   cha ghluais san aimsir seo
geal   fuar   geal
reachdach sgairteach cagarsach
am beò a' teannachadh crios an dòchais
mu bhèin an amharais
(cuid fo sglèat) is cuid sa ghailleann
èistibh
fann-mhèileadh chaorach 's gul theud-theileafon
leaghadh tro chèile
geum fèidh fo sgàile
                    sgiamhail na gaoithe
dùdach luingeis do-fhaicsinn air linne
                    brùchdadh mar osann leònte

the great snowbattle

in their seasons

> *snowdrop*
> *white rose*
> *lily*

I

1
not an atom of land is not under snow
white white white
the fall a fog impregnable enclosing
white white

pale perturbed the firmament
silent still the crevices
stung every bare unsheltering hill
earth's crust enfolded stifled
the planet's core rent between trembling and ice

nor wraith nor ghost   will move in this weather
white   cold   white
imperious clamorous whispering
the living draw their coats of hope more closely
round uncertain skin
(some have roofs) some out in storm
listen
feeble bleat of sheep and keening telephone
dissolve into each other
stag's bellow veiled
                    by screaming wind
hoot of hidden shipping on the kyle
                    pours wounded moan

tro chaoineadh sgalach
sgeirean gach taobh fo chobhar fo chathadh
h-uile siùbhlaiche deònachadh dachaigh
(siosarnach socair aig lòineig air bradhadair)
            bhith cruinn mun cuairt cagailt!

2

a chruinne   chuir thu ort gu bhith lom

gilead mala air bheanntan
gilead cìch air an t-sìthean
gilead brù air a' mhòintich
gilead slèiste san achadh

gruag neòil air do sgorran
            agus sgàile air d' aodann

3

mìorbhail an t-sneachda
gach criostal àraid
gach criostal gun chàraid
meanbh-chlachaireachd   -,
gach lòineag a' tàthadh
saoghal fo chidhis

sneachda fìorghlan
        (ìocshlaint nan galair
        fras chalman air iteal
        mealltach mesmearach)
sneachda gun lochd
        (clèireach ag ùrnaigh
        an cille stàilinn
        ghlas a chreideimh
        clèireach a' guidhe
        fhradharc na bhoisean

through squalling lamentation
reef on each side under spindrift snowdrift
every wanderer wishing home-shelter
(somewhere sibilant crystals turn steam on the fireglow)
                 o to be in the circle round a hearth!

2

earth   you dressed yourself to be bare

whiteness of brow on the mountains
whiteness of breast on the foothills
whiteness of belly on the moorland
whiteness of thigh in the meadow

coif of cloud on your peaks
               and a veil on your face

3
marvel of snow
every crystal unique
every crystal without peer
micro-masonry
every flake cementing
a world beneath its mask
virginal snow
        (balm for plagues
        flurry of flying doves
        deceptive, deadening)
faultless snow
        (a cleric prays
        in the steel cell
        of his credo
        cleric beseeches,
        his sight in his palms

ag àicheadh a bhruadar)
sneachda lainnireach
(leanabh a' ruidhleadh aig uinneig
sùilean a' deàlradh)
sneachda grioglannach
(speuran brùite   dùinte)
sneachda brìodalach
snàigeach sniagach
sneachda lìonmhorachadh
sàmhach sàmhach
sneachda càrnach
sneachda fillteach
sneachda casgrach

4
am bothan cùl an taighe   cuimhn' agad
do phàrantan san taigh a' seinn shalm
sinne san f hasgadh   san dubhar
ag amharc a' chuir
ar saoghal a' lìonadh le gilead
ar sanas gun ghaoid
am blàths a chèile

blàths do ghileid-s' is
reòthtachd a' ghileid a-muigh

chuibhl gaothan ar deòin sinn
tro shailm gheal an eòlais
is dhùisg sinn
            's cha do sheas an latha

5
gilead a' gheamhraidh   gràbhaladh
bhilean corrach nam beann

               denying his dreams)
brilliant snow
               (child dancing at window
               eyes reflect glitter)
constellated snow
               (the skies are bruised   enclosed)
cajoling snow
               snaking sneaking
multiplying snow
               silent silent
mounding snow
pleating snow
slaughtering snow

4
the hut behind the house   remember
your parents indoors singing psalms
we sheltered   in the dark shed
watching snowfall
fill our world with whiteness
our whispers untainted
we warmed each other

warmth in your whiteness and
chill in the outer whiteness

the gusts of our desire spiralled us
through white psalms of knowing
we awoke
               but the day did not endure

5
whiteness of winter   carving
the ragged lips of the bens

(bilean àrsaidh nam beann)
mìneachadh nan oir briste
gu faobhar ealanta

deasbad a' chathaidh ri bruach no ceann taighe
dealbhachadh
           mhìn-shlèibhtean neo-mhaireannach

6
sìneadh a h-èididh air
cathair   caisteal   clachan

sgaoileadh a còt' air
gach buaile   gach bealach
gach sgurr is gach rubha
h-uile sràid anns gach baile
geal   geal   geal

plangaid air saoghal
brat-sìth do threubhan domhain

an gilead gealltanach   gluasadach

7
ainteas nan cìobair
glaist' air chùl starsaich
cidhis de shìoda ceileadh nam fireach
an cathadh na sgàilean sìodach mun coinneamh
's an treudan air monadh 's
an gilead a' tionndadh gu salchar
cìobairean cuingeadh am braise
ag èisteachd na gaoithe
feadaraich feadraich
        fo dhorsan
        tro mheanglain

(ancient lips of the bens)
refining broken edges
to scalpelled elegance

the blizzard's bickering with bank or gable
moulding
                    intricate transient mountains

6
stretching her raiment on
city   castle   clachan

spreading her coat on
each meadow   each pass
each peak and each reef
all the streets in each town
white   white   white a blanket on the world
a flag of truce for all the tribes in a universe

the whiteness promising   shifting

7
the zealous fire of shepherds
locked behind thresholds
a vizor of silk obscuring summits
sifting silken curtains confront them
their flocks on the bleak moor and
white fleeces are turning to filth
the shepherds must tether their brashness
listening to the wind
whistling whistling
                    under doors
                    between boughs
                    among rocks

measg chreagan
a' faicinn nam bruadar a' chlòimh
dol an ribeadh sa chathadh

murtair geal air an t-sliabh
sireadh na h-ìobairt

8
chan fhaic an t-iasgair ach cobhar
sgorran is sgeirean fo chobhar
sgaothan a' gluasad
               thar a' chala
               thar an raoin
               thar an t-slèibh
cha dhearc a shùil air cuan air cala
chan fhaic e ach cobhar nan sgaoth
a' traoghadh air raointean

an eathar na taibhse air teadhair
a lìn nan greasain gheal bhreòiteach
oillsginn gun anam a' crochadh is
    bòtainnean laighe mar chuirp

sluaghan a' chuain do-ruigsinn

9
bheunus a' dùsgadh tron dubhar
bheunus gheal lainnireach
bheunus ag èirigh air
stuaghan geal iarmailteach
griog-shùil nan speur
dannsair na camhanaich
lainntear nan draoidh
bheunus a shoillsicheas ceum
aig àm na dubh-ghealaich

seeing in their dreams the wool
tattering in the drift

white murderer on the heath
seeking a sacrifice

8
the fisher sees nothing but foam
summits and skerries are under the spray
shoals are moving
                            over harbours
                            across fields
                            across the moors
his eye cannot see ocean, anchorage
he sees only foaming shoals
subsiding on meadows

the boat is a tethered ghost
his nets white friable webs
his oilskins hang soulless while
        boots are outstretched corpses

ocean's multitudes are out of reach

9
venus awakening through darkness
white shining venus
venus rising on
white waves of stars
glittering eye of the heavens
twilight's dancer
druid's lantern
venus who shines on paths
at time of dark-moon

their cuid gu bheil i fuar
        ged a tha i deàlrach
nach eil sradag na cridhe
        ged a tha i deàlrach
nach eil innte ach duslach is faileas
ath-sgeul greine

cò chreideas
cò chreideas
cò

II

1
cò thusa
cò ach thusa
mo nàmhaid mo leannan
do bhriathran geala
gun chrìoch gun chaochladh
drùdhadh 's a' sìor dhrùdhadh
a-staigh air m' aigne
gaolach   guineach

furan is fiamh a' suaineadh nam chridhe
ann an gleanntan neo-shocrach mo chridhe
shèid gach oiteag clach-mheallain is flinne
bha mi aognaidh fann gus an tàinig thusa
ruidhleadh snìomhanadh sùrdagadh
tuireannadh   do bhriathran geala
staigh dham chridhe

cruth do bhriathran seasmhach buan
abrair stòld' ach gu bheil iad mireil
abrair seud-chruaidh mur biodh iad brisg

some say she's cold
                    though glittering
not a spark in her heart
                    though gleaming
that she's only dust and shadow
sun's reflection

who believes
who believes
who

II

1
who are you
who but you
my love my enemy
your white words
unbound unchanging
seeping ever seeping
into my thoughts
winsome   wounding

welcome and fear entangle my heart
the comfortless glens of my heart
every breeze sowed hail and sleet
i was wasted weak until you came
waltzing weaving leaping
sparking   your white words
into my heart

your words have a solid settled shape
stolid were they not wanton
gem-hard were they not brittle

ach am bladh
      mar chidheachan geala
            luasganach
                 mì-stèidheil
(sgàthan dhomh)

2
sgeinean deas deighe
sleaghan deighe
claidheamhan deighe
nan caiseanan seudach
ris gach creig
    gach geug
    gach anainn
freiceadain òrnaideach

3
bha sinne ri mire
measg chidheachan siùcrach ar briathran
bha 'n gealltainn 's am beadradh ud
      fìor gu leòr dhuinne
cha robh càil a dhìth oirnn ach bhith mire
bhith fuinne cuinn-arain ar gaoil
b' e smùran geal leaghtach a bh' againn
an àite min-fhlùir

4
ghabh sinn thairis air
sluic a bha ceilte le còmhnard geal
cha d' fhairich sinn
sprèidh bha 'n sàs ann an cidheachan
(ar bòidean mo stòras)
chan fhaca sinn
na h-uillt a bha dùinte

but their substance always
        like white snowdrifts
                restless
                    unstable

(mirror for me)

2
honed knives of ice
lances of ice
claymores of ice
in jewelled pendicles
upon each rock
      each branch
      each gable
ornate sentinels

3
we were merry
among the sugared snowdunes of our words
those avowals, caresses
                were truth enough for us
there was nothing on our mind but laughter
to be baking the bread coins of love
it was white melting ashes we had
instead of wheat flour

4
we strolled across
gorges filled in by white smoothness
we did not sense
the livestock trapped in the drifts
(our vows my treasure)
we did not see
the streams that were closed

fo sheiceannan sìoda reòthta
gur e mùirean cho teann ris an deigh ud a
ghlas sinn a-staigh leis
a' ghilead a thog sinn 'son gaol
cha d' fhairich sinn aiteamh a' tighinn

an aiteamh bhog shnigheach

III

1

gealach eugnaidh a' dìdearachd
tro bheàrn anns a' cheathach
air saoghal sàmhach samhlach

ach

cuislean beò a' ruith fon ghilead
ainmhidhean talmhainn bùrach 'son biadh
('m bi dìon anns an fhàsach
do chridhe fo gheas?)

a dhreathainn-duinn bi curamach   tha chomhachag-bhàn
a' sealg
        's i acrach

2

geal   geal
a dh'èirich air raointean tron oidhche
a thàinig gun fhiosta
mar ghibhte bho leannan
mar eirmin air chreach
geal   geal
gar tàladh Ie tlàthan no dhà   am murtair
aighearach geal air an t-sliabh
a ghaoil cò shaoileadh gun tachdadh tu mi

under frozen silken skins

it was walls as encaging as ice
locked us in with
the whiteness that we took for love
we didn't feel thaw come

damp insinuating thaw

III

1

cadaverous moon peers out
through a chink in the wall of fog
on a still spectral world

but
living veins stream under white
world's bestiary grubs for food
(will there be shield on the bleak
for a mesmerised heart?)

o jenny wren be on your guard   a snow-white owl
is stalking
          hungry

2

white   white
mustered on meadows in dark of night
it came without warning
gift from lover
ermine hunting
white   white
beguiled us with soft flake or two   the merry
murderer on the moor
my love, who'd think you should stifle me

le mìn-chur le cathadh
do ghealltainn bhith binn
    (bhan-dè nan tri gnuis   àicheam thu
    ghabh mise mar mhnaoi thu
    ach their iad
        gur òigh thu
        òigh ladarna eòlach
        gur cailleach thu
        cailleach spòrsail)
àicheam thu   cha d' rinn thu ach mealladh
d' fhìor-bhòidhchead mar chidhis
bhan-dè nan trì gnuis   thàinig thu
ghealach   ghrian   ghailleann
thàinig thu
eadar mi is mo leannan
cha bu lèir dhomh a h-aodann
às m' èisteachd a brìodal
bha thusa gam shuaineadh led chagarsaich luaithreach
is chaill mi nad chathadh mo leannan

IV

fasgnadh faoiltich

fuaran nach bi tosd   a dhùrdan gliogach
    a' siubhal thar mhìltean tron t-sàmhchair
. . .
craobhan na coille mar fhaileas air faileas
glas air ghlas air ghlas
gun chumadh
. . .
còmhnard far an robh ceum
sleamhnachd fon rèite
. . .

with flurry with blizzard
let your promise be sweet
      (three-faced goddess   i deny you
      i took you as wife
      but they say
            you are virgin
            bold knowing virgin
            you are crone
            a sportive crone)
i deny you   deception's your nature
your beauty a mask
three-faced goddess   you came
moon   sun   storm
you came
between me and my leman
i couldn't see her face
her endearments beyond hearing .
you entangled me with your ashen whispering
i lost in your blizzard my leman

IV

late-winter winnowing

well that will not be silent   its tinkling murmur
    travels for miles through the silence

. . .

trees in the forest are shadow on shadow
grey on grey on grey
without shape

. . .

smooth ground where a track was
shining white secret

. . .

leth-ghnùis creige a' dìdeadh
      fo cheap ban
. . .
fann-thoitean anaile
snàigeadh gu iarmailt
à cidhe
. . .
fuil smeòraich
ite na h-aonar
      làrach spòg chat
. . .
duilleag sheargte
dhìlsich ri geug gu seo
cuibhleadh gu tuiteach san oiteag
. . .
bha sinne cho cinnteach   nar gealltainn
. . .
cò mhùin air an t-sneacbd' arsa leanaban
's a bhaslaich a ghilead
. . .
toit ag èirigh à similear
dìreadh 's a' dìreadh
na ròpan de ghilead
. . .
bàrr amair air bristeadh
fuasgladh bùirn airson
faochadh pathaidh   an sprèidh
tuisleach à bàthach le
casan eabrach
. . .
sinne dùsgadh
. . .

half face of crag peeps out
      from under white cap

. . .

threads of breath
snake skyward
from snowdrift

. . .

blood of a mavis
a feather alone
      cat's footprint

. . .

withered leaf
that clung to a branch till now
wheels down on a breeze

. . .

we were so certain   in our promise

. . .

who pissed on the snow cries an infant
who blasted its whiteness

. . .

reek arising from chimney
rising and rising
in ropes of whiteness

. . .

trough surface broken
releasing water to
quench a thirst   the livestock
stumble from byre on
miry feet

. . .

we awakening

. . .

conasg fo chòta geal
aon bhlàth buidhe a' priobadh

. . .

làraich bhrògag à clachan
aotrom   grinn
mar bhrògan ban-dè

. . .

lomadh na gaoithe
lomadh na grèine

. . .

tàmh

. . .

faileas neòinein

. . .

laoch is leannan is cridhe èirinn

tha sgeulachd ann gu robh fear de sheann churaidhean èirinn na shuidhe air
bàrr beinne. bha farpais eadar òighean na dùthcha gus a' bheinn a streap. an tè a
ruigeadh an gaisgeach an toiseach, bhiodh i aige mar bhean-phòsta. dh'inns e an
geàrr-cheum dhàn tè bu taghte leis fhèin.

nan robh mise   air bhàrr sliabh na mban
a' feitheamh
chagrainn dhuts' an rathad geàrr

gorse under white coat
one yellow blossom blinking

. . .

tracks of feet from a clachan
light   neat
like the feet of a goddess

. . .

wind making bare
sun making bare

. . .

peace

. . .

shadow of a daisy

. . .

hero and lover and the heart of ireland

a race was once organised between the young maidens of ireland. their goal was the summit of sliabh na mban ('the mountain of the women'), where one of ireland's legendary heroes (i can't remember which) awaited them as prize. the woman of his own choice being among them, he told her the shortest route to ensure her victory.

if i were   on the summit of sliabh na mban
waiting
i would whisper for you the shortest way

an seachnadh

bha mi cho cinnteach
gu seasadh mo chùmhnant air chùrsa dìreach
's mo stuamachd gun dearcadh air stuagh
nuair shuath a' chiad bhraon
dhed mhaise mo bhilean
cha d' rinn mi do thàladh
cha d' rinn mi do dhiùltadh

bha thu òrach sa ghlainne
gun ghò nad lainnir
nuair theann mi riut
dh'fhàs mo shamhla
gu dòmhlachd dhorcha nad shùil
cho faisg 's
nach fhaicinn a' cheist air a chùl

cha b' e 'm blasad
a dhùisg mo luaineachd
gu callaid mo shìochaint a riasladh,   -,
cha b' e 'm balgam
chuir m' aigne air lorg
dreach ùr airson fìrinn,
chaidh mi nam phàiste
gad òl mar am bainne,
linne shòghail bliochd goibhre
's do lìonadh gam bhàthadh

fionn do ghuala nam bhruadar
rèidh do mhala
calpa sheang air loinn èilde,
cala clùth d' uchd
mar chòs dham chridh' iomairteach

134

the avoiding

i was so certain
my pledge would hold a steady course
my restraint having seen no approaching wave
when the first drop of
your sweetness touched my lips
i did not invite you
i did not refuse you

you were gold in the glass
no flaw in your brightness
when i neared you
my reflection grew
to a dark bulk in your eye
so close
i couldn't see the question behind

it wasn't the taste
that awoke my unrest
to destroy the hedge of my calm,
it wasn't the mouthful
sent my mind seeking
a new definition for truth,
becoming a child
i drank you like milk
a sumptuous pool of goat's milk
that filled me to drowning

white your shoulders in my dream
smooth your brow
slender calf elegant as hind,
snug sheltered harbour of your breast
a shield for my floundering heart

's tu siubhal trom aithne
le sgeilcearrachd chainntreach
sgann theinnteach air thriall

do gheas orm
d' uaisle bhith gun uaill,
cha b' ann sleuchdach
a lùb do cheann thugam,
cha b' ann gèilleach
am beul sùghmhor a phòg mi,
cha b' ann an ùmhlachd a mhùirnich
mo mheòir shòrach bràighe
do shlios mhìn
's tu sileadh mearain cheannslaich
trom chuislean sìnte
le luathas leòmhainn

san aitreabh chòmhdaich ud
rùisg sinn a chèile
bha sinn cho dlùth
's nach fhaicinn tromhad
an làr eabrach
air an robh sinn a' dannsa
na mìltean an gort
's an gadaich' san tùr,
bha thu 'n siud, ar leam, gus
cairt-iùil m' fhèithean a losgadh
an tòir led bhinneas
mar eilidh nan long
mar eilidh nan long
fad 's a mhair thu

ach fhathast, 's mi gad sheachnadh,
tha cheist a' gleac m' fhaileas,
tha tart na mo bhroilleach

you sped through my senses
in supple *cainntearachd*
a fiery shoal travelling

your spell on me
that your dignity was without pride,
not submissively
your head bent toward me,
no surrender in
the mouth i kissed,
not humbly my hesitant
fingers fondled the brae of
your sleek thigh
while you poured your commanding delirium
through my stretched veins
with lion's swiftness

in that clothing edifice
we stripped each other
we were so close
i couldn't see through you
the filthy ground
on which we danced
the starving millions
the thief in the tower,
you were there, it seems, to
burn the maps of my sinews in pursuit of your sweetness
like helen of the ships
like helen of the ships
while you lasted

but yet, as i avoid you,
the question wrestles my reflection,
my breast is parched

breisleach

chaidh mi 'n-dè dhan choille challtainn
shireadh chnothan airson biadh
ach 's e bh' air a h-uile geug ach
d' aodann-sa gam thriall.
chaidh mi 'n-dè gu tràigh a' mhaoraich
lòn de choilleagan a bhuain
nochd a h-uile slige neamhnaid
d' àilleachd-sa a luaidh

chaidh mi staigh dhan aon taigh-òsta
'son do sgiùrsadh às mo cheann
h-uile glainne thog mi thaom do
mhaiseachd aist' na deann.
chlaon mi tràth a-raoir dhan leabaidh
thusa ruagadh às le suain
ach cha tug thu cead dhomh cadal
gus an dèanainn duan   .

dh'iarrainn-sa bhith saor od thòireadh
ach gu bheil sinn roinnt o chèil'
do chumadh bhith an àit' do shamhla
agam bhios an fhèill.
dh'fhàg thu mi nam bhaothair gòrach
bòdhradh chàirdean le do chliù
nuair a thig thu chì iad nach eil
mearachd ann am fhiù

chì iad sgurr a' danns le saobh-shruth
famh is iolair' anns an ruidhl'
stamh gu caomh ag altram sùbh-làir

delirium

i went to the hazelwood yesterday
seeking hazelnuts for food
but on every branch and twig
was your pursuing face.
i went to the fertile shore yesterday
to gather cockles for a meal
every single shell was filled with
your beauty my love

i went into the alehouse
to expel you from my head
every glass i raised your beauty
overflowed from it.
i went early to bed last night
to escape you in sleep
but you kept me awake till
i'd make you a song

i'd wish we were torn asunder
were we not apart
let your presence replace my image of you
and how i'd rejoice.
you've brought me to foolish babbling
tiring friends with praise of you
when you return they'll see that
my words are true

they'll see mountains dance with ripples
mole and eagle step the reel
red rasp held by kind sea-tangle

mireadh mu an sùil.
chi iad mis' is thusa sugradh
bil ri bil ar n-anail aont'
cniadachadh mar seo gu sior le
cheile b' e ar maoin

tha gàidhlig beò

mar chuimhneachan air caitlín maude

cuireamaid an dàrna taobh
obair an la an-diugh
dèan dannsa ri
port-à-beul na gaoithe

'tha gàidhlig beo'
a dh'aindeoin gach saighead
's i streap nan sìthean
fiùran daraich fo h-achlais
a sùilean dùbhlanach
a' sìneadh gu fàire fad' as
's i sìneadh na fàire fad' as
lasair-bhuan leugach na broilleach

'n aire nach gabh i sùrdag ro bhras

ach dèan dannsa dèan dannsa
's e obair th' ann a bhith dannsa

sport before their eyes.
they'll see you and me make merry
lip to lip our breath as one
caressing thus forever
together our reward

gaelic is alive

in memoriam caitlín maude

let's put aside
today's work
and dance to
the wind's port-à-beul

'gaelic is alive'
despite all arrows
she climbs the hillside
sapling of oak in her arms
her defiant eyes
reaching the far-off horizon
she aims for the far-off horizon
a bright lasting star in her breast

defend her from too bold a leap

but be dancing be dancing
it is work to be dancing

an eilid bhàn

mi gabhail rathad na beinne   àrd
am measg nan tulach liath-ruadh   toirt
fa-near na h-èilde
        'ag iarraidh a h-annsachd'
tha grian gun chùram
san iarmailt cheana agus spealtag
na seann ghealaich
        dol na sìneadh air chùl
an dà sgurr san fhireach thall a tha
smèideadh ri chèile mar a bha iad riamh

's e dh'iarrainn an àite bhith siubhal
bhith dlùth-chòmhla riutsa
        m' eilid bhàn
's mi gun dùsgadh fhathast

chan eil sin ri bhith san tràth seo
agus reul dheireannach na h-oidhche dol bàs
tha thu fada bhuam a-nise 's mi siubhal rathad na beinne
gun chinnt a bheil thu nad dhùisg
no a bheil àit' agam nad bhruadar

'b' eòlach do sheanair,' ars na feallsamhna
mur gun cuireadh am briathran stad air an t-sealgair
's mi falbh a shuidh' air chùl deasg
far an tig thu eadar mo pheann is am pàipear
falach-fead am measg cholbhan craobhach mo leabhair-cunntais
cuiridh do mheall-thighinn buaireachail maill' air a' chloc agus
mo mheasrachadh buileach air seachran
bidh mo dhiathad gun tuar no seagh

the white hind

i take the mountain road   high
amid the grey-red knolls
observing the hind
                    'seeking her love'
the carefree sun
is in the sky already and the sliver
of the old moon
                    goes to rest behind
the two peaks in the ridge which
beckon to each other as they always have

i'd wish, rather than travel,
to be close to you
                    my white hind
and not wakened yet

that's not to be this time
as the last star of night goes out
you are far from me now as i travel the mountain road
uncertain whether you are awake
or whether i have a place in your dreams

'tell us something new,' say the philosophers
as if their words could stop the hunter
as i go to sit behind a desk
where you will come between my pen and paper
hide-and-seek among the branched columns of my ledger
your distracting illusory visit will slow the clock and
completely unbalance my judgement
my food will be without appearance or essence

agus nuair a tha mi ag òl tha fios a'm
nach fhaic mi an cupa
bidh thu nad reul air chùl m' aigne
cho deàrrsach 's gun cuir thu a' ghrian air ais

ach 's ann air an t-sealg eile bhios m' inntinn
far am bi na buill-airm choma gan giùlain
air guailnean luchd-faghaid a tha
gun aithne air d' àilleachd
chan e do chniadachd a tha dhìth orra
ach an t-sealg
    an t-sealg is
    a' bhuille sgoilteach
                        m' eilid bhàn
                        o m' eilid bhàn

and when i'm drinking i know
i'll not see the cup
you'll be a star at the back of my mind
so bright you'll extinguish the sun

but my thought will be on the other hunt
where the indifferent weapons are carried
on the shoulders of stalkers who
don't know your beauty
not your caresses they want
but the hunt
        the hunt and
        the gutting blow
                        my white hind
                        o my white hind

ach fois a bhith agam

ach fois a bhith agam
cha toirinn siud dha
ars a' chailleach
a' guidhe sìth na fàrdaich
's a cèile tighinn dhachaigh
air a phòcaid a tholladh
anns a' phràban bhinnteach
ach cha bhiodh e balbh

– an ainmich thu na reultan
   's an coisich thu nam measg
   an seall thu betelgeuse dhomh
   co meud de theaghlach
   tha leantainn na grèine
   (clann is oghaichean)
   faic a' ghealach bheag chruinn
   cailleach òg na gnùise gruamaich
   cho dìleas ri tràill shaorte
   riarachadh na cruinne seo
   cà'il ar mic 's ar nìghnean
   cuin a fhuair thu bhuap'
   'eil guth air tilleadh
   ma tha thu searbh dhen ghealaich
   ma thrus thu a naidheachdan
   tiugainn a choimhead nan reultan
   thèid sinn air chèilidh orra –

amadain, ars a' chailleach
amadain, amadain
an tug thu bonn
dhachaigh leat
is màl ri phàigheadh

146

were silence assured me

were silence assured me
i wouldn't give tuppence
said the cailleach
wishing peace in the household
her spouse returning
having burned his pockets
in the curdling tavern
but he won't be dumb

– can you name the stars
   will you walk among them
   show me betelgeuse
   how big a family
   follows the sun
   (children and grandchildren)
   see the little round moon
   young hag of the surly face
   faithful as a freed slave
   serving this planet
   where are our sons and daughters
   when did you hear from them
   any word of coming back
   if you're sick of the moon
   if you've garnered her news
   come and look at the stars
   we'll pay them a visit –

madman, said the cailleach
madman, madman,
did you take one coin
home with you
and rent to be paid

– chunnaic mi dreag, ars esan
os cionn an taigh-mhòir
comharradh bàis do reul uaibhreach
de shìol an duine
a reir na sgeòil, ars esan
's am fear ud shuas gun shìol –

b' fheàrr naidheachd chruaidh na grèine
na faileas gun cholann, ars ise
tha màl ri phàigheadh

– tiugainn a choimhead nan speur
a bhean mo ghaoil
nuair a tha 'm màl pàighte is sinne
air ar fuadach gu talamh eile
bidh na reultan a' tionndadh
's a' tionndadh 's bidh amadain
gan amharc leis an aon dùil
gu bheil saoghal ri lorg
taobh thall na gealaich
far am bi amadain seasamh
san dubhar gun lèirsinn air ceum
a' coimhead nan speur
gun uallach
ach a' cheist cheudna –

ach eadar na reultan 's a' mbisg
mo cbèile
dè th'agad dbòmbsa

– mo lamh, a ghaoil
suarach 's gu bheil i
is èibhleag de dhòchas

amadain, ars ise

– i saw a meteor, he said
   above the mansion house
   sign of death to a haughty star
   of the seed of man
   that's the tradition, he said
   and sir would leave no seed –

better hard news from the sun
than a shadow without a body, said she
there's rent to be paid

– come and look at the sky
   wife, my love
   when rent is paid and we
   evicted to another earth
   the stars will be turning
   and turning and madmen
   watching with the one hope
   that there's a world to be found
   on the far side of the moon
   where there will be madmen standing
   in the darkness unable to see a path
   and watching the sky
   with no burden
   but the same question –

but between the stars and intoxication
my spouse
what do you have for me

– my hand, love
   mean though it be
   and an ember of hope

madman, she said

149

seo an camas

seo an camas
far a bheil tàmh ri f haighinn
a' coiseachd na gainmhich ghnèitheil
(guidhe mathanas na corra-ghrithich
a' gealltainn bhith beusach na dùthaich
air dhomh bhith ann gun a h-aoigheachd
ged b' ann gun lagh a thàireadh)

seo an camas
far a bheil tàmh ri f haighinn
a' conaltradh le gille-brìghd' is faoileag
ag asladh bhuap' earbs' agus càirdeas
nach eil meàirle nam aire
sgriosadh no lotadh
ach a bhith 'g amharc mìn-chruth an àilleachd

seo an camas
far a bheil tàmh ri f haighinn
a' seasamh air gainmhich ghnèitheil
crònan ann an co-cheòl ri
monmhar nan mìn-chamag
gam fàilteachadh aig deireadh slighe
lìonadh no tràghadh

seo mo chamas
trealaich a' chuain
am measg an tiùrr
gheibhear acf hainn agus òrnaid
caillte no caithte
gheibhear àilleag no leug
measg an lobhaidh amhlaich

this is the bay

this is the bay
where peace is to be found
walking the genial sand
(begging the heron's forgiveness
promising good behaviour in her territory
on being there uninvited
though transgressing no law)

this is the bay
where peace is to be found
addressing oystercatcher and gull
inviting their trust and friendship
intending no crime
plunder or wounding
but to observe their graceful beauty

this is the bay
where peace is to be found
standing on the genial sand
humming in harmony with
the murmur of ripples
welcoming them at journey's end
flow or ebb

this is my bay
the ocean's flotsam
among the wrack
finding tool and ornament
lost or discarded
finding gewgaw or jewel
among tangled putrescence

's e 'n cleas a bhith foisneach
tilleadh agus a' tilleadh
chun a' chamais
(toirt urraim dhan eunlaith)
bhith tilleadh 's a' tilleadh
lorg beairteas a' chladaich
còrr na cuilidh-rath

èideadh

gun dhùisg mi às
an lèine-bheag

gun mhiannaich mi
an lèine-chròich

gun choisinn mi
an lèine-bhan

tha 'n lèine-chaol a' caitheamh

air fhàgail a'm,
an lèine-mhairbh

the trick is to be patient
returning and returning
to the bay
(respecting the birds there)
to return and return
find the wealth of the shore
the ocean's surplus

attire

i wakened from
the little shirt

i desired
the saffron shirt

i was awarded
the pale shirt

the fine-threaded shirt is wearing out

none left but
the death-shirt

Notes:
lèine-bheag – inner lining of an eggshell
lèine-cbroich – mantle worn in former times by people of rank among the
    Gael
lèine-bhàn – which transgressors of ecclesiastical law were at one time
    obliged to wear in church during public worship on one or more Sundays
lèine-chaol – white linen shirt (which would have been equivalent in former
    days to 'sunday best')
lèine-mhairbh – shroud

thug thu dhomh samhradh

de los lenguajes humanos el pobre solo sabria tu nombre
—pablo neruda

thug an geamhradh buaidh air an earrach
bha e fuar, bha e nimheil
gheàrr sgeinean an reothaidh an cèitean

chùm na craobhan an guirme
dùint'
ann an rumannan caol an geugan

thrèig smeòraich gaoil na raointean
thriall camagan ciùil às gach linne
sgap a' ghàire na neulagan anail
thar firich chrìon àrsaidh ar dualchais
air gaothan geur neo-aireil
thuislich danns' a' mheudaidh gun dùsgadh nar n-anam
leig sinn bhuainn a bhith sireadh
cuach òir na grèine torraich

chaidh teanga na treubha balbh
ach osann gann bìgeil fhann
fad cruas mall an earraich

gun shamhla againn
a shuaineadh ar spiorad 's ar gnè
ann an ròp soilleir daingeann
. . .
bha mise, 's mo shannt gu tràghadh,   -
a dh'aindeoin, sìor shireadh
fiu 's gaoireag à fidheall

154

you gave me summer

de los lenguajes humanos el pobre solo sabria tu nombre
—pablo neruda

winter prevailed over spring
it was cold, it was bitter
knives of frost cut may

trees kept their green
enclosed
in the narrow rooms of their branches

the songbirds of love fled the fields
ripples of music abandoned the pools
laughter dispersed in vapours of breath
beyond the crumbling ridges of our history
on sharp indifferent winds
the dance of growth stumbled without wakening in our soul
we gave up our search for
the golden cup of the fertile sun

the tribe's tongue went dumb
only a rare sigh, a whisper
through the slow hardness of spring

we had no symbol
to plait our spirit and kind
into a bright durable rope

. . .

i, desire all but ebbed,
still continued my search for
even the mewl of a fiddle

no fannal à fanas.

    is choinnich mi riutsa
mar lasair bhlàth ròis às an domhan
nochd dhomh blasad dhed bhinneas
nad ghnogadh gun fhiosta 's do thighinn a-staigh orm, is
thug thu dhomh samhradh

. . .

cha ghabh d' àilleachd innse, mo luaidh, chan eil air mo theanga
de bhriathran, ach teine falaisgreach.   seinneam
òran dhut is tuigidh mo chinneadh e, tuigidh
m' aiteam am fonn.   tha thu beò
rubain ruaidh m' fhala
a dhùisg mi le brùchdadh dearg-leaghte
do ghaoil à buillsgean na cruinne
's tu m' iarmailt 's mo thràigh, mo reul-iùil tro gach dochann
's tu mo ràmh air a' chuan thoirmsgeach
nuair a tha na stuaghan ag èigheach *deàlrachd deàlrachd*
thubhairt fear eile ri tèil' ann an suidheachadh eile
'anns gach cànan a labhras daoine, na
truaghain a-mhàin a dh'aithnicheas d' ainm'
ach m' aideachd àigheach-sa
anns gach cànan a labhras daoine bidh
d' ainm air gach teanga, pròiseil, prìseil
's tu mo chànan bheag sheang
's tu gam ionnsachadh
              mo ghaol àrsaidh òg

or the merest breath from the void.
    and i met you
like the flame of a rose-blossom out of the universe
a taste of your sweetness was given to me
in your knocking unnoticed and coming in on me, and
you gave me summer

. . .

your beauty can not be told, my love, there are not on my tongue
enough words but a spreading heathfire.   let me sing
a song for you and my clan will know it, my people
will know the melody.   you are alive
red ruby of my blood
who woke me with the molten eruption
of your love from earth's core
you are my sky and my shore, my pole-star through every hardship
you are my oar on the turbulent sea
when the waves are crying *glitter glitter*
an other said to another, in other circumstances
'in all the languages of men, the
poor alone will know your name'
but i proclaim exultantly
in all the languages of men, your
name will be on every tongue, proud, priceless
you are my small slender language
and you are learning me
                              my young ancient love

beul beag

a bheòil bhig,
an inns thu dhomh
nad chànan ùr
mar a lìon
do mhàthair leat –
'eil cuimhn' agad?

a bheòil bhig,
an seinn thu dhomh
nad chànan ùr
na h-òrain òg
a thòisich tìm

a bheòil bhig,
an dèan thu cruth
do bhiathaidh dhomh

a bheòil bhig,
dè 'n cleas,
an toir thu tuar
do latha dhomh

seas, seas,
a bheòil bhig,
cha tuig mi thu,
tha eas do lidean
taomadh orm
mar dhealain gheal

little mouth

little mouth,
tell me
in your new language
how your mother
filled with you –
remember that?

little mouth,
sing to me
in your new language
the young songs
that started time

little mouth,
make for me
the shape of your feeding

little mouth,
what's the sport,
give me the colour
of your day

hold, hold,
little mouth,
too fast for me,
your syllables
flood over me
in torrents of
white lightning,

a' sàthadh feòil chruaidh
m' fhoighidinn

a bheòil bhig,
a bheòil bhig,
an ith thu mi?

a bheòil bhig,
cha tus' an aon
tha gairm do bhith

a bheòil bhig,
sporain nam fuaim
nad ròs rèidh
's tu cala 'n t-suain

a bheòil bhig,
nuair a thilleas tu
à gleann nam balbh
an inns thu dháibh
nach cual' thu fòs
nad chànan ùr
nach toigh leat cràdh

stabbing the hard flesh
of my patience

little mouth,
little mouth,
would you
        eat me?

little mouth,
you're not the first
to say *i am*

little mouth,
purse of noises
still as a rose,
now harbour of sleep

little mouth,
when you return from
the dumb glen
tell those
who haven't heard
your new language
that you don't like pain

oideachadh ceart

do john agard is jack mapanje

nuair a bha mi òg
cha b' eachdraidh ach cuimhne

nuair a thàinig am bàillidh, air each
air na mnathan a' tilleadh a-nuas
às na buailtean len eallaichean frainich
's a gheàrr e na ròpan on guailnean
a' sgaoileadh nan eallach gu làr,
a' dìteadh nam mnà, gun tug iad gun chead
an luibhe dhan iarradh e sgrios,
ach gum biodh na mnathan
ga ghearradh 's ga ghiùlain gu dachaigh,
connlach stàile, gu tàmh nam bò
(is gun deachdadh e màl às)

cha b' eachdraidh ach cuimhne
long nan daoine
seòladh a-mach
tro cheathach sgeòil
mu èiginn morair
mu chruaidh-chàs morair
mun cùram dhan tuathan,
mu shaidhbhreas a' feitheamh
ceann thall na slighe,
long nan daoine
seòladh a-mach,
sgioba de chnuimheagan acrach
paisgte na clàir,
cha b' eachdraidh ach fathann

a proper schooling

for john agard and jack mapanje

when i was young
it wasn't history but memory

when the factor, on horseback, came
on the women's descent from
the moorland grazings laden with bracken
he cut the ropes from their shoulders
spreading their loads to the ground,
alleging they took without permit
a weed he'd eliminate
were it not that women cut it and carried it home
for bedding to ease their cows' hard rest;
and there was rent in that weed

it wasn't history but memory
the emigrant ships
sailing out
through a fog of stories
of landlords' anguish
of landlords' distress
their concern for their tenants,
the riches waiting
beyond the voyage,
the emigrant ships
sailing out
a crew of starved maggots
wrapped in their timbers,
it wasn't history but rumour

cha b' eachdraidh ach cuimhne
là na dile, chaidh loids a' chaiptein
a sguabadh dhan tràigh
nuair a phòs sruthan rà is chonain
gun tochar a ghabhail
ach dàthaidh an sgalag
a dh'fhan 'dileas dha mhaighstir'
agus cuirp nan linn às a' chladh

cha b' eachdraidh ach cuimhne
an latha bhaist ciorstaidh am bàillidh
le mùn à poit a thug i bhon chùlaist
dhan choinneamh am bràighe nan crait
gun bhraon a dhòrtadh

cha b' eachdraidh ach cuimhne
an latha sheas gaisgich a' bhaile
bruach abhainn a' ghlinne
an aghaidh feachd ghruamach an t-siorraidh
a thàinig air mhàrsail, 's a thill gun òrdag a bhogadh,
le sanasan fuaidaich nan dùirn

cha b' eachdraidh ach gràmar
rob donn
uilleam ros
donnchadh bàn
mac a' mhaighstir

cha b' eachdraidh ach cuimhne
màiri mhòr, màiri mhòr
a dìtidhean ceòlar
cha b' eachdraidh ach cuimhne

it wasn't history but memory
the day of the flood, the captain's lodge
was swept to the shore
when the streams of rha and conon married
taking no dowry
but david the servant
who stayed 'true to his master'
and the corpses of centuries from the cemetery

it wasn't history but memory
the day kirsty baptised the factor
– with piss from a pot she took from the backroom
to the meeting up in the brae of the croft
not spilling a single drop

it wasn't history but memory
the day the township's warriors stood
on the banks of the glen river
confronting the sheriff's surly troops
who marched that far, then returned without dipping a toe,
clutching their wads of eviction orders

it wasn't history but grammar
rob donn
william ross
duncan ban
alexander macdonald

it wasn't history but memory
great mary macpherson
her melodic indictments,
it wasn't history but memory

na h-òrain a sheinn i
dha muinntir an cruaidh-chàs
dha muinntir an dùbhlan
agus nuair a bha mi og
ged a bha a' chuimhne fhathast
fo thughadh snigheach,
bha sglèat nan dearbhadh
fo fhasgadh sglèat
agus a-muigh
bha gaoth a' glaodhaich

eachdraidh nam chuimhne
eachdraidh nam chuimhne

the anthems she sang
for her people distressed
for her people defiant
and when i was young
though memory remained
under a leaking thatch,
the schoolroom slate
had slates for shelter
and outside
a wind was crying

history in my memories
history in my memories

Notes:

the first five stanzas refer to incidents which occurred in my native north skye community, during a period of social upheaval which lasted from the mid-19th century till about 1922. the incidents are not presented chronologically.

rha and conon are the rivers which converge, but do not meet, in the groin of the valley where my birthplace, uig, is situated.

kirsry, the 'baptist', who was active in the early 20th century, lived into the last dacade of the century, sprightly to the end, if latterly forgetful.

rob donn mackay, of sutherland; william ross, of skye and gairloch; duncan ban macintyre, of glen orchy; and alexander macdonald, of moidart, were major gaelic poets of the 18th century. magnificent, but heavy-going for 12-year-olds, as poetry, or as grammar.

mary macpherson, màiri mhòr nan òran (great mary of the songs), was, according to tradition, born in uig, though her name is usually associated with skeabost, also in skye. outstanding among 19th century bards, she is seen as the laureate of the highland land league, which campaigned for land law reform.

no scot, from croft or tenement, needs to be told that the factor is the landlord's agent or rent-collector.

uiseag uiseag

uiseag uiseag anns na speuran
seachain duslach dubh an dadaim
thig e ort gun fhios gun chumadh
thig e ort gun fhuaim gun bholadh
uiseag uiseag anns na speuran

uiseag uiseag anns na speuran
seachain duslach dubh an dadaim
bheir e dìreadh às do sgiathan
bheir e taosgadh às do chridhe
uiseag uiseag anns na speuran

uiseag uiseag anns na speuran
seachain duslach dubh an dadaim
na àite fhèin chan eil droch ghnè ann
neo-bhuairte rèidh chan eil e riaslach
uiseag uiseag anns na speuran

uiseag uiseag anns na speuran
seachain duslach dubh an dadaim
mise leig an urchair nimheil
ò mo naire ò mo ghuineadh
uiseag uiseag anns na speuran

uiseag uiseag anns na speuran
seachain duslach dubh an dadaim
mo bhràthair rìoghail thug an t-òrdagh
cha b' e dheòin ach sìth a chùmhnadh
uiseag uiseag anns na speuran

skylark skylark

skylark skylark soaring high
beware the dark atomic dust
which comes with neither shape nor warning
which comes with neither sound nor savour
skylark skylark soaring high

skylark skylark soaring high
beware the dark atomic dust
it will suck flight from your wings and
sap the rhythm of your heartbeat
skylark skylark soaring high

skylark skylark soaring high
beware the dark atomic dust
in its place it is no menace
undisturbed it's no destroyer
skylark skylark soaring high

skylark skylark soaring high
beware the dark atomic dust
it was i who pulled the trigger
now my guilt is my own wounding
skylark skylark soaring high

skylark skylark soaring high
beware the dark atomic dust
my royal brother gave the order
lasting peace was all he wanted
skylark skylark soaring high

uiseag uiseag lasrach bhoillsgeach
cha lèir dhomh àird no leud do shiubhail
bhon a chnàmh an sgleò mo fhradharc
bheil thu dìreadh bheil thu tuiteam
uiseag uiseag lasrach bhoillsgeach

bha 'n oidhch' ud nuair a dh'fhàg an cat

bha 'n oidhch' ud nuair a dh'fhàg an cat a' chagailt 's
nach fhacas i 'son mìos
a' chlann ga caoidh
is bean an taighe
biathadh an t-soithich san t-sabhal gach ciaradh
le bainne blàth bleoghainn
na luchainn a' dannsa sna tarsannain
agus fear an taighe sgrìobadh nan dig
airson closach
is na h-eòin a' ceilearadh ceilearadh
gàire nan guth
is an cù ris a' ghrìosaich
na aonar, air faondradh
gus an do thill an cat
gun leisgeul gun adhbhar
a thairgsinn gun chruth a dhealbh
air na làithean a dh'fhàg i falamh

skylark skylark all aglow
no longer can i see you fly
since the cloud has burnt my vision
are you climbing are you falling
skylark skylark all aglow

there was that night the cat left

there was that night the cat left the hearth and
wasn't seen for a month
the children mourned
and the wife
fed the dish in the barn every dusk
with warm milk from the milking
the mice danced in the rafters
and the husband scraped the ditches
for a corpse
and the birds were chirruping chirruping
laughter in *their* voice
and the dog by the embers
was lonely, wandering
till the cat returned
with no excuse, nor reason
to offer, not giving shape
to the days she left empty

'mo shràid anns an fhàsach, san carrach 1991'

seall mar a tha na ballaichean snaighte
cho rèidh ri fradharc
cho cruaidh ris a' chlach
cho dìon ris a' chlach,
air seasamh an aghaidh
gailleann shìorraidh nan linntean,
dath na grèine nan lìomhadh,
drùidhteachd an ruaidhe bhàin a' freagairt na grèine,
bha sinn sona 'n seo, mo chèile 's mo chlann,
mo sheanairean uile, bha sinn sona 'n seo,
bha rèiteachadh eadar sinn fhìn is a' ghrian is an gàrradh,
bha ar goireasan againn, na dh'iarradh sinn,
agus coimhearsnachd,
                    is am ballaichean snaighte
cho rèidh ri fradharc
cho cruaidh ris a' chlach, cho dall ri ar lèirsinn,
nach do mhiannaich cogadh, nach do bheartaich claidheamh
ach seall mi nise, mo chèile na tobar ruadh fala nam chuimhne
mo chlann, cò 's aithne càite,
's mo nàbachd nan càirn ruadha
is na ballaichean snaighte seo, cho rèidh ri fradharc
cho dìon ris a' chlach, gun anam,
cho cruaidh ris a' chlach, na deòir air an sileadh,
fearg agus fuath dhan a' mhurtair
a' ghailleann a' sguabadh trom chridhe

'my street in the desert, in the spring of 1991'

see how these walls are carved
as smooth as sight
as hard as stone
secure as stone
having stood up to
time's eternal hurricanes,
sun's colours in their sheen,
their ingrained pale reds respond to the sun,
we were happy here, my wife and my children,
all our grandfathers, we were happy here,
we had our pact with the sun and the garden,
and neighbours,
     whose walls were carved
as smooth as sight
as hard as stone, as blind as our vision,
who sought no war, who brandished no weapons,
but look at me now, my wife remembered as a fountain of blood,
my children, who knows where,
my neighbourhood mounds of red rubble
and these carved walls, smooth as sight
secure as stone, soul-less,
hard as stone, the tears all shed,
fury and hatred for the murderer
the hurricane sweeping my heart

air fèith an t-sealgair

feasgar foghair
ann an sgleò-uair ciaraidh
is sinn a' sràidearachd
sa phàirce rìoghail
bha 'n cù (mar bu dual)
am bràighean na fèithe
air tòir faileas choinean, priobadh luch
agus far an robh mise
's mo fhradharc
a' sìneadh
eadar teagamh is ròlaist
chunnaic mi
air raon fàs nan targaid
faileas
nan saighdear a bh' ann
gleusadh an sùil airson cath

's cha b' e fuaim nan cuibhle fad' às
a dheilbh a' cheist,
an robh gleusadh dhan chridhe
an aghaidh nan urchair

on hunters bog

late autumn day
in the haze-hour of dusk
as we strolled
in the royal park
the dog (being a dog)
sloped up beyond the marsh
in pursuit of rabbit shadows, glimpses of mice
and where i was
my vision stretched
between doubt and fantasy
i saw
on the abandoned rifle-range
shadows of former soldiers
tuning their eyes for battle

and it wasn't the sound of far-off wheels
that shaped the question,
was there tuning for the heart
against the bullet

marilyn monroe

òr na do ghruaig
òr ann an ìnean do chas.
òr ann an ruisg chadalach do shùilean beò
òr na do ghruaidhean, nam fathann athaidh
òr ruadh do bhilean
òr sa ghualainn mhìn àrd a' fasgadh do smig
òr anns a' bhroilleach ghealltanach
paisgte na bhad
òr na do chneas seang, air miadan do chruachan
ann an lùb nan sliasaid is
air glùin nan dìomhaireachd
rinn d' adhbrann òrach
dannsa caol
do gach sùil a shealladh
airgead-beò na do chuislean
airgead-beò na do chridhe
airgead-beò gu na h-iomaill
dhed anam
agus d' osnadh, do ghàire
do ghuth-seinn, do ghuth-labhairt
mar bhraoin de dh'òr

agus do gach fear a chùm
air lios leaghtach nan dealbh thu
òr, o
bhàrr calgach do chlaiginn gu
buinn rùisgte do chas
òr, òr, òr,
beò no marbh

marilyn monroe

gold in your hair
gold in the nails on your feet
gold in the sleepy lids of your living eyes
gold in your cheeks, in their rumour of a blush
red gold of your lips
gold in the raised shoulder that shelters your chin
gold in your breasts, their promise
enfolded in wisps
gold in your slender waist, on the meadows of your hip
in the curve of thigh and
on your knee of mysteries
your golden ankle gave
slim dances
that any eye could see
quicksilver in your veins
quicksilver in your heart
quicksilver to every corner
of your soul
and your sighs, your laugh
your singing, your speech
like a mist of gold

and to every man who kept you
on the screen's dissolving field
gold, from the maned top of your skull
to the bare soles of your feet
gold, gold, gold,
alive or dead

their cuid nach robh thu cho cùbhraidh
's iad a' deothal an t-sùigh
à sporan suilt òrach do bhèin
òr, òr, òr

fòrladh dhachaigh

bha uair a bha cianalas gam bhàthadh
nuair dh'inntriginn buailtean m' eòlais
's gu faicinn preas eile dhìth
sa mheasghart cheòlar

a-nise tha fearg a' snaigheadh mo bhriathran
gach rann na fhaillean san talamh chrìon

biodh e seang
biodh e anfhann
biodh e crom
biodh e pàiteach
's e m' fhearg
      tha biathadh a dhuillich
      tha sìneadh a ghasan

some say you weren't so fragrant
as they suck the substance
from the fertile purse of your skin
gold, gold, gold

home vacation

there was a time nostalgia
drowned me
when i entered familiar pastures
when i saw another bush missing
from the orchard of sweet sounds

now rage carves my words
each verse a sapling in the barren earth

though it be slender
though it be weak
though it bend
though it need water
my anger
         will nourish its leaves
         will stretch its branches

do choin

's mise do chù seilge
's ged a bhithinn geal
sa mhonadh ghorm
's e mo luaths mo lùths
cha sheachain do chreach
mo shàthadh grad

is mise do chù tòire
rag
do-cheannsachail
nach gèill nach
fan
gus an glas mi nam ghiaill
do thoil

is mise do chù trusaidh
a' tional
sprèidh ròmach do smuaintean
à buailtean sultrann
      nan srath rèidh nan
      coire clùth
far an robh iad
      ro shuaimhneach

is mise do chù faire
do ghealach am bian dealta
do dharach air cnoc
cha ghluais d' euchdan gun aithne
's mi 'n seo

your dogs

i am your hunting dog
though i be pure white
on the green moor
my speed is my strength
your quarry can not escape
my sudden lunge

i am your tracking dog
unbridled
obstinate
who will not yield nor
stay
till i clutch in my jaws
your wish

i am your herding dog
gathering
the shaggy flocks of your thoughts
from word-rich folds
      in broad straths
      in cosy corries
where they were
        too contented

i am your watchdog
your moon in a fur of dew
your oak on a ridge
your deeds won't move
unnoticed while i'm here

's mise do chù sàile
suathadh mo dhìlse
ri alt lom d' adhbrainn

is mise cù sìthe
criomadh cridh' d' aigne
nuair a tha do shìochaint drùidht'
ann an sùgh glan a' chùmhnaidh
's ged a chaidleadh tu
's ged a bhiodh tu còmhla rium an seo
air cluaintean geal mo ghò
is mise cù dorcha
do bhruadair

is mise cù dorcha do bhruadair
slìob mi gu h-aotrom
gu ceanalta suath
bràighe mo ghuailne
led chreideas
is mis' an cù dorcha
tha falach mo dheud

i am your dog at heel
rubbing my fidelity
against the bare knuckle of your ankle

i am a fairy dog
gnawing the heart of your mind
when your tranquillity is drenched
in the clean sap of preservation
and though you should sleep
and though you should be here with me
on the white meadows of my guile
i am the dark dog
of your dreaming

i am the dark dog of your dreaming
stroke
me lightly
gently chafe
the brae of my shoulder
with your belief
i am the dark dog
concealing my teeth

a-nochd is tu bhuam

ged a bhiodh euairt nan reul
eadar mi is tu
cha chrìon an snàth-sìoda
a chuibhrich thu rium
a cheangail mi riut,
agus a-nochd is tu bhuam
tha mi san dubhar
cur bhriathran thugad
luchd mo chridhe
faclan trom dorcha gun chruth,
foghair is connrag
a' sìolachadh gu ciall,
mar a tha duilleach nan craobh
a' cromadh nan geug,
anns an doilleir
san oiteag
a' mireadh an guirme
priobadh na camhanaich

tonight you being from me

although the journey of the stars
were between you and me
the thread of silk will not decay
that bound you to me
that tied me to you,
and tonight you being from me
i am in darkness
sending words to you
my heart's cargo
heavy dark words without shape,
vowel and consonant
multiplying to sense,
as the foliage of trees
bends their branches,
in darkness
in the breeze
leaves sporting their green
first flicker of dawn

salm an fhearainn

à suaineadh ceathaich chruadhaich clach
aon leanaban nan reul
aon chruinne measg nan iomadh cè
le eabar beò 'son rùsg

is ghluais am beò air muir air tìr
iasg nathair agus eun
lìon gorm nan lus nam feur nan craobh
gach raon bho stùc gu tràigh

chaidh sluaighean thar nan tìr nan cuan
air tòir an talamh tàimh
bha cuid a shir bha cuid a fhuair
dh'fhàg cuid am fuil san ùir

fhuair sinn an oisean talmhainn seo
gas feòir am measg nan clach
air àird nach gealladh saidhbhreas ach
gun lòcast ann no sgairp

ged dhèanadh bàird cìr-mheala dheth
bha raon ar treabhaidh fann
ach bhiath clèibh feamann 's fallas e
gum b' aithne dhuinn ar leòr

an t-iomadh druim a lùb an seo
's an t-iomadh cridhe ghèill
na sinnsirean a sheas an stoirm
mar thaibhsean nach gabh tàmh

psalm of the land

from swirling mists stone hardened fast
one infant of the stars
one planet among many worlds
a living mud its crust

the living moved on sea on land
all reptiles fish and birds
the green of herb of grass of tree
filled all from peak to shore

then people crossed the lands the seas
to seek their place of rest
and some marched on and some found home
the blood of some drenched earth

we found this corner for ourselves
grass-blade among the stones
a headland offering no growth
locust or scorpion

though poets should call it honeycomb
the earth we tilled was thin
fed creels of seaweed and of sweat
it gave sufficiency

the many backs which laboured here
the hearts which then gave in
the ancestors who stood the storm
are ghosts who do not rest

toirt maoraich fhathast às an tràigh
toirt chnothan às a' chraoibh
air làithean saidhbhir sitheann 's breac
à monadh fraoich is allt

is ged a bhiodh a' ghort nan dàn
tha deanntag 's biolair ann
tha dearc an deò air dris nan spor
a chumas fuil ri fèith

's e 'm fòghnadh làithean pailteis dhuinn
a sheas nar cuimhne slàn
mar stùcan ard nach dìrich sinn
gar fasgadh on droch sgeul

b' e siud an leitir liosach ghorm
thug gàirdeachas dham rùn
gun shìn mo shòlas measg nam preas
an taise mhaoth do ghleann

ach thàinig tighearna nar ceann
lùb aingealan da dheòin
thraogh cagailtean an teas da chliù
chaidh ceanglaichean nan smàl

is saighdearan nan còta dearg
mar chunnacas tro sgleò
air mhàrsail tro na liosan càil
gu sàthadh brìgh nan duan

thrèig cainnt nan achadh shuilbhir shèimh
an tuath dham brìodal i

they gather shellfish from the shore
and nuts yet from the tree
on rich days venison and trout
from heathland and from stream

though famine were their destiny
they still have nettles cress
life's berry on the thorn of spurs
keeps sinews fed with blood

our days of plenty were enough
to stand remembered whole
like high peaks we will never climb
protection from bad news

that was the slope of meadows green
gave gladness to my love
my solace in the undergrowth
found moist and soft your glen

but then a lord came at our head
flames stooped to his command
hearths drained their heat to honour him
while rafters turned to ash

then soldiers came in scarlet coats
as if seen through a haze
to march across the fields of kale
and bleed the sap of songs

the soft words of the fields withdrew
from those they had caressed

chaidh uaill nan tràill mar aillse dhubh
a chriomadh fàs ar gnè

dhan chaora mhaol bha seilbh nan gleann
air làithean àrd nan grian
b' e leasachadh a sgiùrs an treubh
gu cladaichean 's thar chuan

na buachaillean a bh' ann o thùs
saltairt fo mhaodail chlòimht
is chaith a' mheirg mar ghalair goirt
gach caibe agus crann

tha ceannairc ann an uchd na dìth
dh'fhàs braise mar a' chraobh
thaom dùbhlan air gach uachdaran
mar bheithir-dìle nuas

is ghabh na daoin' an criomadh còir'
à machair agus sliabh
gad tha an t-seilbhe fhathast dùint'
an giaill dheala cèin

nam shealgair dàn' an òige saoghail
bha leòr mo là an cleas
bu mhilis pòg an fhuinn dham ghnùis
bha guth nan oiteag còir

tha raon mo ghaoil fo choilltean dlùth
meirg-uilebheist san tràigh
bidh chruinne loisgte rùisgte brisg
mur toir a poball dìon

a cancerous slave-pride began
to stunt our being's growth

the white-faced sheep took over glens
in high days of the suns
and that improvement scourged
the tribe to shores and over seas

the cowherds who'd been always there
ground under by fat wool
and rust's disease laid waste
each spade and every plough

there's outrage in the gut of need
and boldness grew like trees
defiance on the landlord poured
like thundersnakes of flood

the people took their crumbs of rights
from lowland and from moor
though ownership remains enclosed
in remote leeches' jaws

i boldly hunted my young world
where each day's prize was play
and sweet was earth's kiss to my face
the breezes' voice was kind

the land i love is densely treed
rust-monsters scar the shore
the world will burn be brittle bare
if mankind won't conserve

cha sinne mhàin tha còmhnaidh 'n seo
tha roinn fhèin aig gach bith
an dòbhran rùrach taobh an uillt
an fheannag glanadh cairbh

cha b' ann san t-soitheach air an t-sràid
a shoirbhich ròs mo rùin
cha b' ann am prìosan teann nan gul
a dhearbh am bradan luaths

tha 'n ainm ro dhìomhair dhan an treubh
san duilleag is sa chlach
's e 'n t-àile fhèin tha tàirneanadh
a neart do bhiast is lus

tri ràithean dhut is ràith an tàimh
ràith cur is fàs is buain
bi cùramach mun talamh chrìon
tha aighear anns an fhàs

not we alone inhabit this
each creature has its share
the otter hunts beside its stream
the carrion-crow cleans bones

not in the vessel on the street
did the rose of my love thrive
not in the prison of dense tears
the salmon proves its speed

the name too secret for the tribe
inhabits leaf and stone
the air itself in thunder gives
its strength to beast and herb

three active seasons one of rest
you sow you grow and reap
be careful of the fragile earth
for there is joy in growth

chunnaic mi measg nan ubhal thu

o mhàthair mo chuimhne
chunnaic mi measg nan ubhal thu
gleusadh na craoibhe
's do smuaintean air mìlseachain

ged a leugh
searmonaiche dubh do thòrraidh
an sgial ud mu eubha 's an ubhal is
mealladh nam fear

ged a sgàineadh do sgial-s'
eadar aon ghaol is banntrachd –
thusa nach tàladh ach
's dòcha ròs no smeur maoth
à dris an gainntir creige

ged a chanainn gur tusa tha labhairt
nuair a tha m' iarrtas
airson do ghuth a chluinntinn
's e tha labhairt ach *thusa nam chuimhne*
's na mo chuimhne cha tuirt thu mòran riamh
nuair a bha an t-àm ann airson labhairt
mar eubha an dèidh a' ghàrraidh
(san sgial a fhuair thu
ann an sgoil an aona leabhair
's na h-innse)

from HYMN TO A YOUNG DEMON

i saw you among the apples

o mother of memories
i saw you among the apples
pruning the trees
your thoughts on sweet things

though the text
the black preacher who buried you
took was the one about eve and the apple and
the temptation of men

though *your* story divides
between one love and widowhood –
you who'd entice no being except
perhaps a rose or a soft blackberry
from a thorn in its rocky prison

though i'd say it's you who are speaking
when my wish is
to hear your voice
who speaks is *you in my memory*
and in my memory when it was time for
speaking you seldom said much
like eve after the garden
(in the story you were given
in the school of the one book
and the tellings)

air soitheach nam peann gu baile nan slige

mar gum b' ann air sgàthan a bha sinn a' seòladh
dè chunna tu nad anam fhèin
sìth thar iomall fàire, anns na dùthchannan a dh'fhàg
sinn, ris a' ghualainn eile faileas dùthcha,
beanntan creagach geala loma sìos an còrsa
sìos an còrsa clach-aoil is deàrrsadh grèine
pòsta sna ruighean spealgach neoichiontach
's ged a bha na lic chorrach ud a' deàrrsadh oirnne
ann an sàmhchair san robh seòrsa de ghàire
rinn iad deàrrsadh bàis an àm a' chuthaich . . .

bha 'n long san robh sinn na cruinne fuadain, bha i
mar aisling a' siubhal gu madainn lasrach, gun stàth
air chuan cho càirdeil ri leabaidh pàiste
's a' ghrian air na lic a' deàrrsadh am fathann a-nuas
am measg nan cànan air long nan dùthchasachd

thàinig dreathan air chuairt le fios na dhualchainnt
fhèin, is shiubhail e mach thar a' chuain thar a' chuain
agus shiubhail ar soitheach air an rèidhlean ghorm
gu còmhdhail *làraich is dàin*, far a bheil bròn na fhiùran
craoibhe de sheòrsa ùr agus eagalach, agus cridhe na
luinge bualadh *druma-gunna druma-gunna* gun tàmh,
's beag iongnadh ged a bha glaic na h-eanchainn air
lìonadh le fuil bhreisleach, *druma-gunna druma-gunna*

sìth ma-thà, ann an iomradh ollamh nan cànan, a h-aithris
a fianais cho glan cho rèidh ris a' chuan air an robh sinn
a' seòladh, air clàr grianach an t-soithich seo bha mi ag
èisteachd ri guth rèidh gun mhab, dìreach ri slat stàilinn

on the ship of pens to the city of shells

as if we were sailing on a mirror
what did you see in your own soul
peace beyond horizons in the lands we embarked
from, on the other shoulder shadow of a land,
bare white stony peaks down the coast
down the coast limestone and dazzling sun
marry in the splintered innocent ridges
and though those rugged slabs flashed on us
with a silence that bore a kind of smile
they flashed death down in the time of frenzy . . .

the ship we travelled on was a world astray, it was
like a dream sailing to a morning of flames aimlessly
on a sea as companionable as an infant's bed
and the sun on the flashing slabs sent their rumours down
among the languages on this ship of nationalities

a wren came calling with reports in its own dialect
then went fluttering out across the sea the sea
and our vessel travelled on the blue plain
to the congress of *place and destiny*, where grief is a
young tree of a new and terrifying kind, and the ship's
heart beats *drummer-gunner drummer-gunner* endlessly,
little wonder the hollows of the mind were filled with
delirious blood, *drummer-gunner drummer-gunner*

peace then, in the language professor's account, her telling
her witness as clean as level as the sea on which we were
sailing, on this ship's sunny deck i was listening
to a clear voice without hesitation, straight as rod of steel

ciallach ri glainne, ri glainne, a' dealbh nan slighe ghabh
i tro chrìochan sgàinte na dùthcha, a dùthaich fhèin,
làrach a prìomh-ghal, ceàrnan nan tobhta, taigh caraid is
nàmhaid nan càirn, nan càirn ionann, nan càirn, dà fhios
anns gach brataich, uaill agus dùbhlan, ach leughadh
grèis eile dhan samhlan – *tha caraid a-nise 'n taigh nàmhaid*,
bha sgrios na bhritheamh gun taobh ann an tomhas
maoth rèidh guth ollamh nan cànan, air clàr rèidh na slighe
seo gu baile ruadh nan eachdraidh, nam beum 's nam bàs
far an deàrrs a' ghrian oirnn, le gathan glana gun urchair
ciamar nach do lùb a teanga, le criothnachadh, gu
càirdean leam-leat a ghonadh, gu nàimhdean garg a sgrios

nuair a shileas e 'n seo, bidh bàrr a' chuain seo cho liath-bhreac
ri bàrr cuain, bidh na stiallan boga cho drùidhteach, sàmhchair
a dhìth, togadh gaoth stuagh, bidh sùil gach iùlair dìleas dhan
fhàire – fo ghrian dhubh na fala, chan fhaicear sgial air fàire

sane as glass, as glass, her graph of journeys she made
through the riven borders of the country, her own country
land of her birth-cry, regions of ruins, friend's house and
enemy's in cairns, similar cairns, in cairns, two messages
in every flag, pride and defiance, but another sign's been
embroidered into their symbols – *friend now in enemy's house*,
destruction's an impartial judge, as measured by the gentle
level voice of the language professor, on the level deck of this
voyage to the red city of histories, of blows and deaths
where the sun would shine on us, with clean bulletless rays
how did her tongue not twist, with a tremor, to wound
every fair-weather friend, to destroy the acid enemy

when it rains here, the sea's surface is as grey-pocked as
a sea's surface, streams of rain as drenching, silence
absent, let wind raise the waves, every pilot's eye keeps faith with
horizons – under the bloody black sun there's no sign of horizons

bruadar am posnan

tha 'n t-àite seo glas arsa
ollamh spaideil nam beach, a' coiseachd
ann an sgàile beachlainn àirde cloiche
far an do sheall e dhomh mil liath a bheatha
na feachdan fuara stiallach aige sìnt' air bùird
an dubh 's am buidhe fannaichte na phreasa cùmhnaidh
tha sinn uile glas ars esan *sluagh*
glas a th' unnainn, dùthaich ghlas

tha air atharnaich a' chreideimh rèidh
na seilleanan-saothrach a' cur ri uailleachd
bhoillsgeach òrach teampall ùr nam buadh agus
feachd nam manach aosta òg a-rithist le
leabhar dubh nan comhairle nan dùirn

ceàrnag a' bhaile, tòrun: an treas latha dhen chèitean (latha a' bhun-stèidh)

ann am baile chopernicuis
e fhèin anns a' chlachaireachd
a shùil ris a' ghlainne
cha b' e deàrrsadh reul
a bha tomhas mo shùl-s'
ach èideadh grèis nan easbaig
mar a bha cumhachd a' deàrrsadh
a-mach às gach snàithlean anns gach
lèine dhiubh

thar cuan luasganach chluasan
a' sìneadh 's a' sìneadh

margadh nan smuaint

a dream in posnan

this place is grey said
the elegant professor of bees, walking
in the shadow of the tall stone beehive
where he had shown me the pale honey of his life
his cold striped armies pinned up on boards
their blacks and yellows enfeebled in his safe cupboards
we are all grey he said *we are*
a grey people, a grey country

there, where the field of the level credo was fallow
worker bees add to the glittering golden
pride of a new temple of victories and
an army of ancient monks is young again with
the black book of commands in their fists

market square, torun: on the third of may
(constitution day)

in copernicus' town,
himself in the stonework
his eye to the telescope
it wasn't the blaze of stars
that measured my eye
but the embroidered dress of bishops
how power blazed out
from every thread in every
shirt of them

over a sea of restless ears
reaching reaching

a market of thoughts

laoidh an donais òig

a dhonais òig, dè 'n dath a th' ort,
an e dubh,
an e dath èalach na nathrach,
an e ruadh buan fuilteach na lasrach,
an e corcar rìoghail do shinnsirean

a dhonais òig, ciamar a fhuair thu do chliù
's tu cho fiata ann a shin,
air do bheing mhodhail,
cha leaghadh lòineag air do theanga

agus, a dhonais òig, cho còir 's a bha thu,
mar a tharraing thu dreach beò
à sgleò luaineach mo bhruadair,
mar a chroch thu mo dheòin
na duilleach glan gorm
an craobh rag mo chogais

a dhonais òig, chan fhaca mi fhathast thu
sàthadh broillich, goil gobhail,
goid pòig no bìdeadh tòine,
chan fhaca mi dannsa measg nan dannsair rùisgt' thu,
fèill nam buaireadh, cha chuala mi
do dhruma bualadh, fèill nan tathaich,
chan eil iomradh ort a' slìobadh
nan cìoch sùithte ri linn nan ìobairt,
chan fhaca mi fhathast leanabh ga do leantainn
tro choilltean nan tiolpadh, nam fochaid,
cha do chuir thu cluaran frionais eadar
luchd-suirghe na mo lèirsinn,

hymn to a young demon

young demon, what's your colour,
is it black,
is it the writhing colour of snakes,
is it the eternal red of the flames,
is it the royal purple of your ancestors

young demon, how did you get your reputation,
sitting there so timidly
on your well-behaved bench,
a snowflake wouldn't melt on your tongue

and, young demon, how kind you were,
the way you drew a living shape
from the restless cloud of my dream,
the way you draped my desires
like clean green foliage
on the stubborn tree of my conscience

young demon, i've yet to see you
pierce a breast, ignite a crotch,
steal a kiss or nip an arse,
i haven't seen you dance among the naked dancers
at the feast of temptings, i haven't heard
your drum beating at the feast of hauntings,
there's no account of you stroking
the sooty breasts at the time of sacrifices,
i've yet to see a child follow you
through the woods of pilferings and catcalls,
you've never sowed a fretful thistle between
lovers in my presence,

na feannagan na feannagan na feannagan
a leigeadh tu mu sgaoil eadar an craitear
's a chuid foghair, eadar
am misgear 's a ghlainne lainnireach,
an spìocair 's a phigheann liath,
na feannagan, na feannagan,
tha iad f hathast a' neadachadh

a dhonais òig, 'eil thu cleith d' f hìor nàdair,
'eil thu mar a h-uile donas eile,
'eil do làmh na mo sporan
f had 's a tha thu gealltainn dhomh toradh

the crows the crows the crows
you might set loose between the crofter
and his harvest, between
the drunkard and his glittering glass,
the miser and his mouldy pie,
the crows, the crows
are still nesting

young demon, do you hide your true nature,
are you like every other demon,
is your hand in my purse
while you promise me prosperity

òran cèile

do gherda

chan fhaca mi latha nad ghnùis
on a' chiad sealladh àlainn
do mhaiseachd gach madainn às ùr
gam chlisgeadh 's gam thàladh

cha chuala mi càil ach do chliù
bhom eòlaich 's mo chàirdean
is fhuair mi gu cinnteach, nan diù,
aona phrìomh leug a' ghàrraidh

an gaol a bha neoichiontach òg
a-nise na shaidhbhreas
cha chaillte le cuimhne aon phòg
a shuath mi led aoibhneas

an leanabh tha fàs air do ghlùin
dìon o bhòcan is taibhse
fàs sult às do mheanmna 's do shùrd
tha do bhith dha mar lainntear

ged a dh'iarrainn dhut beatha gun chràdh
tha lus driseach sa phòsadh
ach sireamaid toradh nam bàidh
ruadh ri dearcan nan ròsa

mar bhàta tha socair nad shùil
cur lìon na do dhoimhneachd
tha mi biathadh air sgaothan do rùin
do chuan dhomh mar oighreachd

song for a spouse

for gerda

not a day have i seen in your face
since i first glimpsed its beauty
your loveliness each day so fresh
it starts and beguiles me

i've heard not a word but your praise
from friends and relations
their certainty that i have won
the best gem in the garden

the love that was innocent young
is now a great richness
while memory treasures each kiss
that your joy laid upon me

the infant that grows on your knee
safe from ghosties and bogles
he thrives on the art of your mind
your being's his lantern

though i'd wish you a life without pain
thorny blooms go with marriage
let's look for the harvest of love
fresh as rose's red berries

as a fishing-smack floats in your eye
casting nets in its deepness
your affection's the shoal that i trawl
you're the wealth i'd inherit

an t-aingeal tha buileach gun ghò
chan fhaigheadh bhuam annsachd
oir b' fheàrr leam do fhrionas, do dheò
do shunnd airson dannsa

chan fhaca mi latha nad ghnùis
on a' chiad sealladh àlainn
tha do ghaol dhomh na acair 's na stiùir
cur grèis anns gach là dhomh

chan fhaca mi latha nad ghnùis
on a' chiad sealladh àlainn
chan fhaca mi latha nad ghnùis
on a' chiad sealladh àlainn

dèanamh ime

chan eil a shamhla ann –
tionndadh 's a' tionndadh a' ghileid òraich
am broinn dòrcha na h-eanchainn
ag èisteachd ri suirghe is
dealachadh is pòsadh
nan lid luasganach leaghtach
ag èisteachd airson nam boinne
blàthaich a' sileadh air falbh o
ghramalas òr-bhuidhe dàin

an angel who stands without fault
would not win my blessing
i'd rather you fretful alive
with your urge to be dancing

not a day have i seen in your face
since i first glimpsed its beauty
your love is my anchor my helm
all my days take its pattern

not a day have i seen in your face
since i first glimpsed its beauty
not a day have i seen in your face
since i first glimpsed its beauty

making butter

there's nothing like it –
turning and turning the golden whiteness
inside the darkness of the brain
listening to the wooings and
partings and weddings
of soluble tossed-about syllables
listening for the drops
of buttermilk trickling away from
the golden-yellow firmness of a poem

craobh na bliadhna

an dèidh a saothair
faic craobh àrd na bliadhna
a' caitheamh a h-aodaich

a h-anail air mhùchadh
agus lùireach a geugan
ann am pasgadh na dùbhlachd

a cridhe air seacadh
fo sgàilean geal reòthta
fo chuillseanan sneachda

thar lèirsinn a gluasad
àm tionndadh na grèine
gu sèist mheanbh an fhuasglaidh

the year's tree

after her labours
see the year's high tree
cast off her clothing

her breath has been stifled
the rags of her branches
wrapped up on the dark month

her heart is now withered
under white frozen veils
under great quilts of snow

beyond vision her movement
when the sun starts to turn round
tiny song of unfolding

bho ALBA
dàl riata

do mhachraichean leathann
do mhachraichean arbhair
do sgeòil ann an clach agus
d' ùrnaighean gràin-chloiche
àrd agus sìnte

do chòmhraidhean dìomhair
le gealach is grian

agus
do sholas a' deàrrsadh
aig samhain aig bealltainn
a' sealltainn an rathaid

aig crìochan do mhachair, a' choille
is faram nan tuagh

innleachd
glas cau

anns a' ghlaic ghorm seo
dh'èirich luingeas mar dhuilleach
duilleach stàilinn a' sgaoileadh a-mach
thar nan cuan

lìon a' ghlac le
ceathach stàilinn,
aodainn cho liath ri
aois

from SCOTLAND

dalriada

your widespread plains
your widespread cornfields
your stories in stone and
your granite prayers
erect and reclining

your secret conversations
with moon and with sun

and
your lamps blazing
at samhain and beltane
lighting the road

at the edge of your plains, the forest
and slashing of axes

invention

glasgow

in this green hollow
shipping grew like leaves
leaves of steel spreading out
across oceans

the hollow filled with
a fog of steel,
faces as grey as
age

bho AMEIREAGA

monaidhean dubha dhacota

ma ghearras tu seice nan cnoc seo
na do shannt airson òr
sgàinidh tu m' anam

coup

thug mi sgleog do
chlaigeann òg calgach
sàr-churaidh mo nàmhaid
is thill mi gu m' fheachd fhìn
le gàire

thug mi coinnean à doire
is dh'fhàg mi an treud ann
nan seinn is nan dannsa

from AMERICA

black hills of dakota

if you cut the skin of these hills
in your greed for gold
you'll pierce my soul

coup

i gave a skelp to
the young maned head of
my enemy's bravest brave,
returned to my own band
laughing

i took one rabbit from a copse,
let the warren continue
its singing, its dancing

an latha sèimh ud

cha tàinig na mathain a-mach às a' choille
's a' choille mar bhian air na beanntan
a calg gu crìochan na h-aibhne

choisich sinn mol geal na h-aibhne
mi fhìn is tu fhèin, is
am mathan beag bàn, ar pàiste

còmhdhail nam bàrd, aig taigh chida-san

am measg achaidhean buidhe arbhair
toradh de bhriathran
ag èirigh dhan iarmailt,
sgaoth mòr lon-dubh, a' seinn

from HOKKAIDO

that tranquil day

the bears did not come out of the forest
the forest that lay like a skin on the mountains
its fur to the banks of the river

we walked the river's bleached pebbles
you, and i, and
the little blond bear, our infant

poets' congress, at the house of chida-san

among yellow fields of corn
a harvest of words
ascends to the sky,
a great shoal of blackbirds, singing

a' chlach

suathaibh mi, a ghaoithtean, le
naidheachd às gach àirde: sìnibh orm

suath mi, a ghrian, do
shoillse teas mo chridhe: sìn orm

suath mi, a ghealach, mo
leigheas na do ghilead: sìn orm

suathaibh mi, a shiantan, ur
frasan ga mo nighe: sìnibh orm

tàmh annam,
sàmhchair

the stone

stroke me, winds, with
news from each quarter: rest on me

stroke me, sun, your
light heats my heart: rest on me

stroke me, moon, my
health in your whiteness: rest on me

stroke me, elements, your
showers wash me clean: rest on me

peace in me,
silence

taing

Nochd cuid dhe na dàin ùra anns a' chruinneachadh seo a-cheana annta seo: *World Poetry Almanac* (Mongolia), *Beredter Norden: Schottische Lyrik seit 1900* (Edition Rugerup, Berlin), *Northwords Now, Southlight, Cabhsair, Irish Pages, An Guth* agus *Gath*. Tha na dàin thaghte air an toirt bho na cruinneachaidhean seo: *an seachnadh agus dàin eile / the avoiding and other poems* (Macdonald Publishers, 1986); *oideachadh ceart agus dàin eile / a proper schooling and other poems* (Polygon, 1996); agus *laoidh an donais òig / hymn to a young demon* (Polygon, 2007).

Mo bhuidheachas mòr dhan sgioba airson an sgilean deasachaidh; do dh'Alison Rae agus Sarah Ream.

acknowledgements

Some of the new poems in this collection have appeared in the following publications: World Poetry Almanac (*Mongolia*), Beredter Norden: Schottische Lyrik seit 1900 (*Edition Rugerup, Berlin*), Northwords Now, Southlight, Cabhsair, Irish Pages, An Guth *and* Gath. *The selected poems are drawn from the following collections:* an seachnadh agus dàin eile / the avoiding and other poems (*Macdonald Publishers, 1986*); oideachadh ceart agus dàin eile / a proper schooling and other poems (*Polygon, 1996*); *and* laoidh an donais òig / hymn to a young demon (*Polygon, 2007*).

My warmest gratitude to the team for their editorial skills; to Alison Rae and Sarah Ream.